TETSURO YOSHIDA · DER JAPANISCHE GARTEN

DER JAPANISCHE GARTEN
by
Tetsuro Yoshida
Copyright © 1957 by Ernst Wasmuth G.m.b.H. & Co., Fürststrasse 133,
D-72072 Tübingen, Germany
All rights reserved
including the right of reproduction
in whole or in part in any form.
Published 2005 in Japan
by Kajima Institute Publishing Co., Ltd.
Japanese translation rights arranged
with Ernst Wasmuth Verlag GmbH & Co.
through Japan UNI Agency, Inc., Tokyo.

修学院離宮〈上御茶屋〉から遠方の山並みを望む

▶ 上御茶屋（かみのおんちゃや）：Oberer Garten＝上段の庭

苔・芝生面に配された飛石の苑路（桂離宮）

桂離宮庭園の茶室〈松琴亭〉

桂離宮庭園の花咲くつつじ

## 監修者まえがき

　恩師・吉田鉄郎が『日本の庭園』の刊行に執念を燃やしたのはなぜか──。『日本の住宅』『日本の建築』とあわせて「三部作」の発掘・復刻・訳出が完結したいま、素朴な疑問が頭をよぎる。前の2冊でともに庭園の章を設け、日本の庭園を紹介する洋書が皆無でなかったにもかかわらず、脳腫瘍と癌に侵され、病床にて仰臥のままドイツ語で口述してまで執筆されたのである。

　外国人が日本の庭園を知るならば、この本の参考文献に挙げられたジョサイア・コンドルの著作のほうがはるかに詳しく、日本人の庭園専門家の著作もすでに何冊かが英文で刊行されていた。しかし吉田の『庭園』は、『住宅』とともにロンドンとニューヨークで英訳され、欧米で広く読み継がれていった。三部作はいずれもロングランのベストセラーズといわれるほどの評価が定着している。

　そして今日の日本人に、とくに建築家や学生に、日本庭園の入門書として最適な一冊ともいえるだろう。幾多の庭園書があるなかで、最適と感じられる根拠、あるいは海外で長く受け入れられた理由は、この本から放たれる何か不思議な魅力によるのではないか。

　ドイツのヴァスムート出版社より刊行された三部作を改めてふりかえると、『日本の住宅／ DAS JAPANISCHE WOHNHAUS』（原書初版1935年、第2版1954年）は木造建築のデザイン原理の即物的な図解書、『日本の建築／ JAPANISCHE ARCHITEKTUR』（1952年）は環境芸術として日本建築を語る文化論であった。

　これらに対して本書『日本の庭園／ DER JAPANISCHE GARTEN』（1957年）は、一見して図版のヴォリュームが多い。全体の2/3を占める写真集は、病床よりアングルとトリミングを細かに指示して撮影された写真により構成され、「建築家としての感性」であふれている。

　建築と庭園のつながりの重要性は本文で繰り返し述べら

れているが、それを写真で示すだけでなく、図面でも表現した。建築の平面とともに周囲の庭園を綿密に描き込んだ図面には、強い意志が感じられるのである。

一方、個々の構成要素を示した素朴な図面は、それを掲載する意志と勇気に驚かされる。石の使い方などは日本のプロなら当然知っていることであり、外国人向けならではの丁寧なほどの図示といっていいだろう。

吉田鉄郎はよく庭園の話を好んで語った。日本大学工学部（現・理工学部）での講義は建築計画・意匠であったために庭園まで及ぶことはなかったが、教室を離れると庭園の姿かたちを諳んじながらデザインのコンセプトを語った。おそらく、逓信省で全国の庁舎設計を統括していた時代に、出張の寸暇をみつけて各地の庭園を巡り、知見をえたのだろう。庭園に関する教養の深さと記憶力に驚かされたことは一度や二度ではなく、本書口述のため助手に筆者が呼ばれると、その驚異は増すばかりであった。

口述の模様は『日本の住宅』の解題でも触れたが、目次のメモすらもなく、病床で天井をみつめたまま滔々とドイツ語が流れていった。複写用の図版の出典も口頭での指示である。鹿島建設（当時設計顧問）の図書室に行けと言われ、指定された書架の位置をのぞくと、たしかにその本がある。本を開くと言ったとおりの写真がある。数日前に口述したキャプションは、掲載位置もふくめて一言一句を反復しながら校正する。まさに全ページが映像として頭の中で完成されているようで、書斎は乱雑に資料が積まれた万年床だったが、神々しささえ覚えたことを思い出す。

しかし私の清書した原稿には誤記が多く、その任を解かれ、逓信省の森俶朗へと引き継がれたのであった。これと併行して口述執筆がはじまった和文の『スウェーデンの建築家』（彰国社、1957年）を筆者は担当することになったが、これも筆者の事情により後半は後輩の矢作英雄の手を借りてまとめられることになる。『庭園』の最後のチェックを終えた1週間後、吉田鉄郎は世を去った。

ところで、絶筆となった2冊が書かれた1950年代中ごろは戦後モダニズムの興隆期であり、日本の伝統の解釈をめぐって議論が活発化していた。丹下健三や浜口隆一を先鋒とするモダニズムのフィルターをとおした伝統解釈である。旧・東京都庁舎の指名コンペ（1952年）で1等を勝ちとった丹下案は、ミース風の鉄骨建築を日本的な柱・梁の表現に翻訳したデザインだった。一方で後輩に敗れた吉田鉄郎案は、際立った特徴のない控えめな建築で、審査員の坂倉準三は新しさがないと評した。

　新奇性の乏しさという点では大学での講義も諄々と語りかけるものだったが、著作『庭園』も同様の性質を指摘できるのではないだろうか。堀口捨己のように独自の研究成果をまとめるわけでもなく、ただ粛々と日本庭園の構成原理、つまりデザインの作法ともいえるような造形の「型」そのものを解説していった。

　だからこそ、海外の建築家にとっては庭園の通史などよりも理解しやすい著作として広く受け入れられ、同じく「型」を解説した『日本の住宅』とともに英文版までが刊行されたのであろう。逆に日本国内では、「型」はプロが知っていて当然の素養であったために著作の意義を評価しがたかったのだろう。

　原書刊行当時に国内で評価されたのは唯一『日本の建築』であり、それは吉田独自の芸術文化論であった（1952年度日本建築学会賞業績賞）。が、英文版は存在しない。

　1950年代は庭園が消えていった時代でもある。日本の庭園文化の根底をつくっていた和風大邸宅がつぎつぎと姿を消し、戦後小住宅には庭園をもつ余地などあるはずもなかった。この時期に建設されはじめた庁舎などの公共建築では、足元のピロティのデザインにも注目が集まっていたが、そこでの日本的なるものの表現はやはりモダニズムによる伝統解釈であった。

　おそらく吉田は、こうした状況に危機感を抱き、次第に衰退していく伝統本来の姿に価値を見出していたにちがいない。時代のなかでの古さと新しさに対する価値観は、ストッ

クホルム市庁舎に寄せた賛辞に表出されている。

> エストベリィほどのものが、新しい建築の息吹に気のつかぬはずはあるまい。しかし、彼は新しい建築は次の時代にゆずり、自分は多年、慣れてきた建築で、自信をもって、しかも、精魂をかたむけて市庁舎をやったのだ。だからこそ、永久に人を動かすと思われる建築がつくられたのだ。この建築を古いといって、けなす人も一部にはあるようだが、新しいとか、古いとかいっても、時間の問題にすぎない。きょう新しいものも、あすはもう古くなっているであろう。またいかに新しい建築にしても、もし、それが借りものならば、なんの価値があろうか。すこし古くてもいいから本格的な建築をやることが肝要なのだ。（『スウェーデンの建築家』）

『住宅』と『建築』の2作では「本格的」な庭園を語りきれていなかった。いずれも茶庭を中心とした紹介であり、桂離宮や修学院離宮などの風景式庭園が十分に叙述できなかったために、『庭園』を独立した一冊にすることに固執したのだろう。

> われわれはいたずらに技法の新しさにとらわれて、真の建築美を理解していないのではなかろうか。建築がその環境と調和してこそ、ますますその美しさがたかめられるであろうにもかかわらず、現代建築家は、建築をその環境からきりはなして、それだけとして考える傾向がないであろうか。建築は庭園と一緒に設計すべきものであるにもかかわらず、それをおこたっているのは、結局、われわれに、庭園にたいする試みがたらないからではないだろうか。（前掲書）

環境や景観がデザインのキーワードとして注目されるいま、建築の設計演習で外構を描けない学生がますます増え

ているときく。建築と庭園のつながりを理解することこそが、建築家にとっての必要最低限の素養だと吉田は考え、日本の庭園の伝統からエッセンスだけを建築家の眼で抽出し、ヴィジュアルに簡潔にまとめたのが本書なのだろう。

　吉田は設計活動において個性の表現を忌み嫌い、「自抑性」を自らの主旨としていたが、そうした生真面目さがこの本にも表れているのである。

　ゆえに、今日の日本人建築家や学生にふさわしい教養書だと改めて確信し、『建築家・吉田鉄郎の『日本の庭園』』として逆輸入・復刻されることを喜びたい。吉田の弟子と孫弟子たちの努力によって、『日本の住宅』『日本の建築』とあわせて貴重な三部作の復刻版がここに完結した。

2004年12月　　　　　　　　　　　　　　　　　　近江　榮

# 建築家・吉田鉄郎の『日本の庭園』

DER JAPANISCHE GARTEN, 1957

吉田鉄郎＝著

近江 榮＝監修
大川三雄、田所辰之助＝共訳

鹿島出版会

本文中の脚註とルビは訳者による

原書は日本人建築家がドイツ語で執筆し、1957年にドイツの出版社エルンスト・ヴァスムートから刊行された。
対象読者が外国人のため、日本庭園の専門用語や固有名詞などを説明的に記述した部分もある。これらの翻訳は、今日の日本人読者にとっての読みやすさを考慮し、日本の慣用的表現と原文の逐語訳を本文と脚注で適宜使い分けている。原文に注記はない。

なお、レイアウトについては、原書のイメージをできるだけ踏襲するように努めている。原著者は図版の選択や字体のデザインなどに細心の注意を払って著作をまとめたといわれるからである。

カバーデザイン＝工藤強勝
本文デザイン＝高木達樹

## はじめに

　住宅と庭園のあいだに密接な関係を見出そうとする考えが、このごろ広がりはじめている。日本では特別な関心のもとに古来より培われてきた考えであり、建築を庭園と分けて考えること自体が難しいと言ってもよいだろう。

　このテーマについては機会があるたびに述べてきたし、日本の建築について記した拙著のなかでも同様の問題を扱うつもりだった。しかしその時点では、茶室とほとんど同一の意味合いをもつ茶庭に触れるのが精一杯だった。

　本書の刊行によって、日本の建築と住宅についての著述[*1]で記せなかった部分を補足でき、とてもうれしく思っている。次第に病状の悪化している筆者だが、友人たちの助力を得て完成にこぎつけることができた。

　これまでの日本の庭園に関する本は、ややエキゾチズムに偏りすぎであった。本書では、現代人の眼で日本の庭園を読み解くとともに、その背後にある文化を明確に記すようにした。写真を多用したのはそのためである。また、庭園の専門家にも活用してもらえるように、多くの図面を描き起こした。

　近代建築は依然として庭園と密接な関連をもっており、その関係をさらに深めていくことは今日の重要な課題のひとつである。日本の庭園から学ぶべきことは決して少なくないだろう。

　日本の庭園を実際に訪れ、いろいろと考えをめぐらせてきたが、先達の研究を参照しなければ本書は生まれなかっただろう。まず彼らに、感謝の意を捧げなければならない。そして建築家の森俶朗氏には、全体を通じてさまざまな点でお世話になった。写真の撮影は建築家の尾崎一雄氏と岩井要氏が、図面の作成は建築家の小林邦夫氏が担当してくれた。また、いつも筆者を励ましてくれる逓信省のかつての同僚たちにも謝意を表したい。

　チューリッヒのR.トリューディンガー嬢、ベルンのE.ヴィルツ嬢には文章の添削をお願いした。ロンドンのシャルロッテ・ヨレス博士には校正と出版について助言をいただいた。ギュンター・ヴァスムート氏の変わらぬ支援にも深い謝意を表する。

　このように多くの友人たちに助けられたが、神の祝福がなければこの仕事を成し遂げることはできなかっただろう。心からの感謝の気持ちを最後にもう一度捧げたい。

東京、1956年初頭　　　　　　　　　　　　　　　　　　　　　　　　　　　　吉田鉄郎

---

[*1] いずれもドイツのエルンスト・ヴァスムート（Ernst Wasmuth）社から出版された吉田鉄郎の著作。『DAS JAPANISCHE WOHNHAUS』（初版1935年、第2版1954年／邦訳『建築家・吉田鉄郎の『日本の住宅』』近江榮＝監修、向井覚＋大川三雄＋田所辰之助＝共訳、鹿島出版会、2002年）、『JAPANISCHE ARCHITEKTUR』（1952年／邦訳『日本の建築──その芸術的特質について I・II』薬師寺厚＝訳、東海大学出版会、1972～73年／同再刊『建築家・吉田鉄郎の『日本の建築』』薬師寺厚＝訳、伊藤ていじ＝註解、鹿島出版会、2003年）

# 目次

監修者まえがき　vii

はじめに ･･････････････････････････････････････････ 3
1. 概説 ･････････････････････････････････････････････ 7
2. 歴史的発展 ････････････････････････････････････ 12
3. 庭園の種類 ････････････････････････････････････ 20
4. 庭園を構成する要素
　A. 池岸、滝、橋 ･････････････････････････････････ 28
　B. 飛石と敷石 ･･･････････････････････････････････ 32
　C. 手水鉢と石灯籠 ･･････････････････････････････ 40
　D. 茶亭と四阿 ･･････････････････････････････････ 46
　E. 植栽 ････････････････････････････････････････ 56
　F. 垣（袖垣、仕切垣、囲い垣）････････････････････ 60
図版 ･････････････････････････････････････････ 65-183
　参考文献 ･･････････････････････････････････････ 184
　索引 ･････････････････････････････････････････ 208

再録：『日本の庭園』ができるまで　185
訳者後記：近代建築家による日本庭園研究の系譜　188

# 1. 概説

　ヨーロッパでは、庭園といえば建築のように構成される幾何学的な整形式庭園[*2]を意味し、この形式が数世紀にわたって支配的だった。しかし、18世紀になってイギリスで風景式庭園が生まれると、幾何学的な整形式庭園は退潮を迎えていった。

　逆に東洋では、古来より風景式庭園だけであった。日本と中国は、いずれもまぎれもなく風景式庭園であり、幾何学的な形式は決して生まれなかった。西洋と東洋の庭園がこのように異なる発展の道筋をたどったのは多くの理由や背景がある。その最たるものとして、まず自然観の相違を指摘するべきであろう。何よりも東洋の根底には、自然に従属しようという考え方が存在している。

　日本の庭園は、風景式庭園としての多くの特徴を備えている。くりかえし用いられる独自の構成要素[*3]は、伝統や地理的条件、歴史的事件の影響などによって徐々に形成されてきたものだ。「はじめに」で触れたように、住宅と庭園のあいだの密接な関連に際立った特徴を見出すことができる【図1】。

　ヨーロッパでも近年は、両者の関係を密なものにしていこうとする試みが見受けられるようになった。だが多くの場合、ヨーロッパの住宅そのものが閉じた形式で、庭園とはむしろ対峙する関係にある。庭園が大きな発展を見せ、住宅に付随させようと考えられるようになったのはルネッサンス時代からである[*4]。

　一方、日本においては、すでに10〜12世紀の寝殿造の時代から住宅と庭園のあいだに調和をつくり出すべく努力されてきた。時代が下るとともにこの課題はその意義を増し、いまや居室はすべて庭園に面するようになり、ほとんど一体化してしまっているようにみえる。

　ふたつ目に重要なことは、日本の庭園では風景というものに対する理解のあり方が、造形として表現されている点である。庭園によって差異はあるが、たんなる自然の模倣ではなく、風景の理想の姿を庭園に映し出し、芸術的な感性によって高められ、ある種の崇高さを獲得していった。イギリスの風景式庭園が自然をできるだけ正確に再現しようとするのに対し、日本の庭園では象徴的に解釈された自然がより小さなスケールに変換されていくことが多い。抑制されることによって、洗練された精神文化を示

---

[*2]　建築のように構成される幾何学的な整形式庭園：der architektonische oder geometrische Garten＝建築的な、あるいは幾何学的な庭園
[*3]　くりかえし用いられる独自の構成要素：bestimmte, immer wiederkehrende Erscheinungsformen＝はっきりそれとわかる、つねにくりかえされるかたち、形式
[*4]　日本との比較とはいえ、「ヨーロッパの住宅そのものが閉じた形式」とする考えはいささか乱暴であろう。ヨーロッパも南と北とでは住居形式が大きく異なることはいうまでもないが、古代ローマの上流層の住居形式をはじめとして庭園と住宅との融合を図った例は多い。

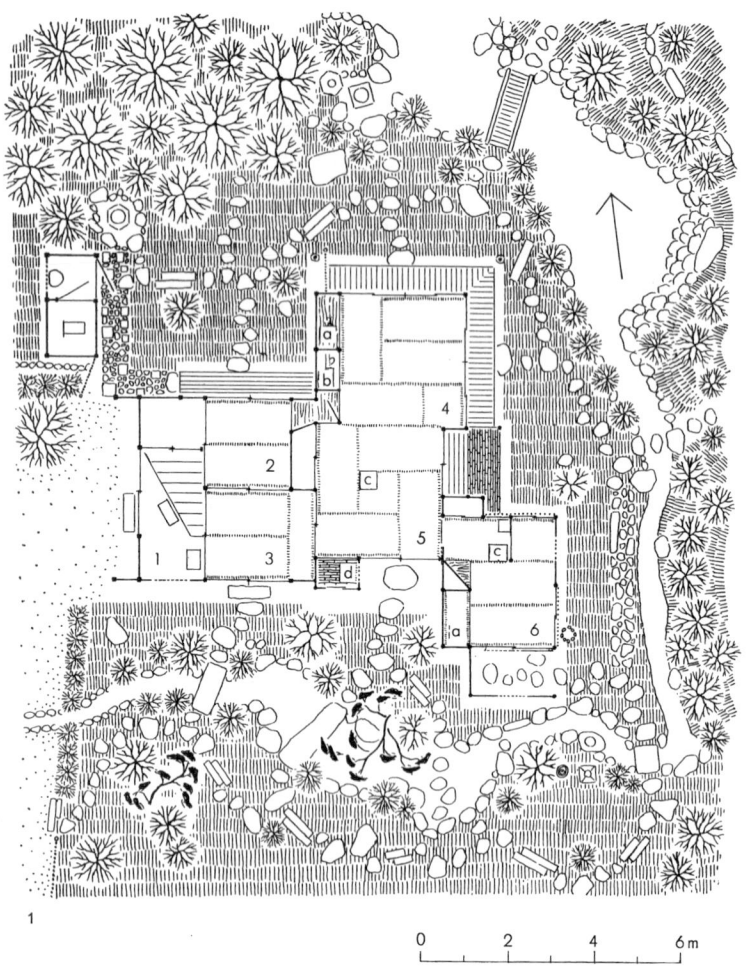

1 仁和寺の茶室〈遼廓亭〉と庭園（京都）
1. 玄関　2〜5. 畳の間　6. 茶室　a. 床の間　b. 棚　c. 炉　d. 水屋

▶畳の間：Zimmer＝部屋　炉：Feuerstelle＝火を焚く場所、かまど　水屋：Teeküche＝お茶用の台所

す傾向が顕著に見受けられ、この点が日本と中国の違いである。中国の庭園は大きなスケールで造形手法も抑制されるようなことはなく、力強く活気に満ちた独自の感覚が造形の根本にみられる。

　日本の庭園の特色として3つ目に指摘したいのは、仏教思想からの影響である。とりわけ禅宗と茶道に大きく影響されている。庭園は静寂と黙想の場所が意図されているが、これは明らかに仏教の宗教哲学にしたがったものである。静寂さを実現するために強い調子の色合いを避け、さまざまな緑色の植栽が用いられるため、色彩的に統一感が出る。日本の庭園は単彩色で、西洋の庭園は多彩色であるとも言える[*5]。色鮮やかな庭園に慣れ親しんだ西洋人は、来日すると誰もがこの相違に驚く。単彩色の庭園には、当然のように花がほとんどない。日本でも多種多様な花が咲くが、庭園に植えられることはほとんどないのである。

　単彩色であるために日本の庭園は魅力に乏しく、とくに若い人々にはあまり興味をもたれないように言われるが、ここでそうした風評の真偽をくわしく調査しようとは考えていない。ただ、単彩色とは、単一の色ということではなく、無数の色調のなかに豊かなニュアンスを包み込む性質をもつ。この点を改めて認識してほしい。

　日本の風景の特徴は、庭園にも同様に見出される。代表的な要素として、たとえば水を挙げることができるだろう。南

2　座敷の広縁越しに見る庭の眺め（最高裁判所長官公邸／旧馬場邸、東京）

3　沓脱石（同上の庭園）

4　石灯籠（同上）

---

＊5　単彩色：monochrom＝モノクローム　多彩色：polychrom＝多色

5 〈馬場熱海別邸〉の前庭

6 床の間の生け花にみる古典的な構成。飛石など庭園の諸要素の配置にも同じ造形原理が応用されている

から北に向かって緩やかにカーブを描きながら伸びる島国・日本は、カーブの中心線に沿って火山が連なり、国土の分水嶺にもなっている。山脈から東西に無数の川が生まれ、清澄な水を運び、急傾斜の激しい水の流れが数々の滝をかたちづくる。滝は日本の風景のなかできわめて特徴的な要素だが、庭園のなかにも小さなスケールに置き換えられて挿入される。

　庭園の構成要素のひとつである水には、とくに重要な役割が与えられている。夏の蒸し暑さを和らげる働きである。さらに、白砂に水の流れを象徴させ、心理的に涼しさを演出するという仕掛けもある【図90、91】。水は、日本人の心を平穏と静寂さで満たし、たんなる水であること以上の深い意味合いを担っているのである。

　ここで庭園の造形手法について述べておきたい。日本の芸術に共通の原則は、庭園の造形手法にも同様に見出すことができ、芸術家たちはつねにこの原則に立ち返って努力を傾けてきた。作品に「自己」を従属させ、芸術家としての個性を主張しないという原則である。

　このような姿勢があることで、作品を鑑賞する人たちとの一体感がはじめて生まれ、作品の芸術的な意義も高まる。こうした原則は、芸術の表現手段に一種の限定を与えることもたしかであるが、俳人の松尾芭蕉（1644〜94年）はつぎのように語っている。「すべてを言葉にしてしまったら、あとに何が残るのだろう」。庭園においても、たとえば家屋は樹木の背後に姿を隠すように配置される。また、地面の下にたくさんの石を埋めながら、実際に見える石はひとつだけにしたり、石灯籠の一部分を木の葉で覆い隠してしまうようなこともある。

1. 概説

　最後になるが、石組の立体的な構成手法*6をめぐって、日本の芸術の造形原理と、庭園における具体的な応用例についてさらに説明したい【図7】。石組はつぎの方法によってかたちづくられる。

　まず、中心線のやや左側に主石*7を置く。つぎに主石の少し左側に、副石*8を配する。この主石と副石によって石組の主要素が構成される。つづいて主石の斜め右前に、主石と副石の間隔よりも若干広く

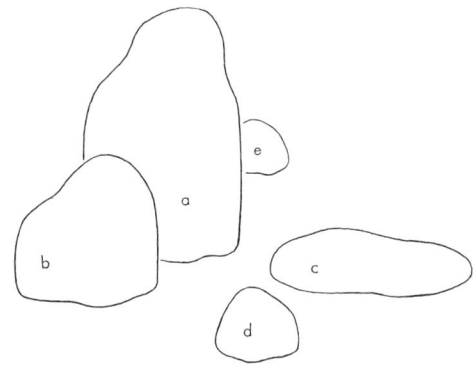

7　石組の造形原理　a.主石　b.副石　c.対石　d〜e.補石

なるように、対石*9を置く。この対石は、主石と副石と相対する関係になるように留意しなければならない。たとえば、主石と副石の背が高ければ、反対側に置かれる対石は背の低い平らな石を選ぶ。主石・副石・対石の3つの石がもっとも重要であり、石組全体の構成を決定づける。この3つの石の前面か後方に、小さな補石*10を配して石組は完成する。左右を入れ替えてもよい。補石の数を増やしてもよいが、その場合には両側に補石をひとつずつ増やしていくだけでなく、2〜3個の補石がそれ自体でひとつの石組となるような組み合わせも考えられるだろう。

　多数の石を用いるときには、まずいくつかの石組を構成し、つぎにそれぞれの石組をひとつの石に見立て、さらに大きな石組を構成するといった要領で全体をかたちづくっていってもよい。

　日本の庭園では、こうした造形手法が丘や池、あるいは樹木の配置にも用いられる。さらに言えば、庭園の構成だけでなく、生け花【図6】や盆景*11、水墨画といった芸術のすべてにおいて、この造形原理が応用されていることを見出せるだろう。

---

*6　「石を立てる」という。平安時代には、石を立てる・伏せるによらず庭園に石を配すること、さらに転じて作庭そのものを指したとされる(『作庭記』)。
*7　主石(「おもいし」ともいう)：der Hauptstein＝中心となる石
*8　副石：der Behilfsstein＝助けとなる石
*9　対石：der gegenüberliegende Stein＝反対側に置かれる石
*10　補石：der Ergänzungsstein＝補うための石
*11　盆景：die Miniaturlandschaft＝ミニアチュアの風景

# 2.歴史的発展

　日本の文化や文明の姿が直截的に映し出されているのは、建築よりもむしろ庭園の造形[*12]である。竪穴式住居や高床式住居の時代には、庭園というものはまず考えられなかった。原始的な生活を脱した人間は、家とその周辺環境を美しくしようとする精神的な営みに時間を費やすようになったのである。

　この国で庭園と呼ばれるものは6世紀後半に最初の例が見出される。造園[*13]は、ほかの芸術・文化と同様に、韓国を経由して中国から流入したものである。仏教もこの時代に同じルートをたどって日本に伝来している。古くからの言い伝えによると、ある富裕な貴族がこのころに池のある庭園をつくり、中国の庭園を模して池の中央に島を設けた。この形式の庭園は次第に耳目を集めて称賛を得るようになり、貴族はその名を世に知られて高い官位に就くことになった。日本における本格的な庭園のはじまりと言われる。

　しかし、古典的な形式が生まれたのは10〜12世紀ごろになってからで、そこにはすでに日本人の自然への強い愛着が表れている。寝殿造(しんでんづくり)という形式が貴族の住まいとして生まれたのはこの時代であり、建物や庭園の各部分を相互に融合させようとする意図が全体の配置から読み取れる。

　主屋[*14]となる寝殿は、主人の居間であると同時に接待用の部屋でもあり、南側の庭園に対して部屋が開放されている。また、寝殿の東・西・北には対屋(たいのや)[*15]と呼ばれる付属の建物が左右対称に置かれ、渡廊(わたろう)[*16]という廊下で寝殿と結ばれる。さらに、東対屋と西対屋から南側に伸びる2本の渡廊によって、大きな庭園が囲い込まれている。この渡廊は、湖畔の吹き放しの池亭(ちてい)、つまり釣殿(つりどの)や泉殿(いずみどの)[*17]へ渡るためのものである（吉田鉄郎『日本の建築』1954年)[*18]。

　池は寝殿から少し離れた庭園のほぼ中央に位置し、中島[*19]をつくり、さらに池の背後には築山[*20]を築いて滝が流される。反橋[*21]が手前の岸から中島へ、平橋[*22]が中島か

---

[*12] 庭園の造形：Gartengestaltung＝庭園の形成、組み立て
[*13] 造園：der Gartenbau＝庭園の建設
[*14] 主屋：der Hauptflügel＝主翼
[*15] 対屋：der Nebenbau＝付属の建物
[*16] 渡廊：verlaufender Korridor＝延びた廊下
[*17] 釣殿、泉殿：ein offenes Gartenhaus am Ufer des Teiches＝吹き放しの池亭
[*18] 前掲3ページ注1『建築家・吉田鉄郎の『日本の建築』』、VIII章。
[*19] 中島：eine kleine Insel＝小さな島
[*20] 築山：ein Hügel＝小高い丘
[*21] 反橋：eine Bogenbrücke＝アーチ状の橋
[*22] 平橋：eine gewöhnliche Brücke＝通常の橋

ら向こう岸の築山へと架け渡される。ま
た敷地の北側からは、蛇行した遣水*23が
渡廊の下を横切って流れている。池の
東岸から注ぎ込むかたちとなる遣水は、
西岸にせせらぎとなって流れ出ていく。
往時の池は小舟で渡ることもでき、祝祭
の日には貴族たちが中国風のきらびや
かな川舟を漕ぎ出し、歌舞音曲を嗜み、
歌を詠むといった伎芸を池の上で楽し
んだ。

8 京都御所の岩黄書の庭

こうした行事のためにあつらえた女
性たちの晴れ着*24は、四季折々の植物
や花にちなんだ多彩な色合いと名前で
飾られる。春には梅・桜・柳、夏は卯の
花（Deutziascabra thunb）や花菖蒲
（Iris loevigota）に似た燕子花【図79】、
秋には萩や岩黄書、女郎花、冬には枯葉
や収穫後の荒れた田畑といったように、
多彩なモチーフが着物にちりばめられ
るのである。梅の花の着物は表地が白
く裏地は洋紅色、柳の着物は表地が同様
に白く裏地は茶色となる。冬には黄色
か薄青の裏地が好まれた。このように
日本人は、自然との深い結びつきを当時
すでに着物で表現していたのである。

9 天竜寺の風景式庭園（京都）

庭園にみられる植物は、おもに梅・桜・
松・柳、そしてさまざまな灌木であり、変
化に富んだ景観をつくりだすようにあち
らこちらに植えられていた。その光景
は大和絵に描かれているとおりであり、
当時はまだ多くの色が混在する多彩色
の庭園だった。逆に今日では、緑一色の
庭園が主流となっている。

10 西芳寺の風景式庭園（京都）

---

*23 遣水：ein kleines Bächlein in gewundenem Lauf＝蛇行して流れる小川
*24 晴れ着：Feiertags-Kimono＝祝祭日用の着物

11　金閣寺（鹿苑寺）の風景式庭園（京都）

12　銀閣寺（慈照寺）の風景式庭園（京都）

　12世紀末ごろになると、貴族は支配的地位と権力を武士に譲り渡した。農民階級から生まれ、やがて勢力を増していった武士は、贅をきわめた貴族の生活とは一線を画するために、質素で目立たない東日本の一漁村だった鎌倉に最初の幕府を開く。この国の中世の幕開けである。

　中世を通じて発展したのが寺院の庭園である。13世紀には、禅といわれる新しい仏教の宗派が日本に伝来した。南宋からは墨絵が伝わり、かぎられた要素に象徴的な意味を担わせる墨絵の手法が、庭園の造形に直接の影響を与えることになる。真理を究め、世界の成り立ちを説く禅の精神が、日本の庭園の形式を変えはじめていった。当時、禅の僧侶は高い教養をもった知識人であり、ときには作庭家[*25]も兼ねた事実に、禅宗と庭園との深い結びつきをみることができる。日本の庭園に今日も宗教的な雰囲気が漂っているのはこのためでもある。

　こうした展開のなかで、庭園の造形要素として次第に重要な意味合いをもつようになっていったのが石である。石の重要性は増大していき、京都の室町に幕府を置いた14世紀の足利時代になって、ようやく完成された表現に至った。それは寺院に附属してつくられた、高い象徴性と静謐な佇まいをもつ新しいタイプの庭園である[*26]。

　竜安寺の庭園は15世紀のものだが、この形式の代表例と言えよう。比較的に小さな矩形の庭園は、土壁で囲われている【図13、90～91】。庭面全体は白砂で覆われ、樹木も灌木も一切ない。唯一の構成要素といえば15個の石だけであり、それぞれが石組をかたちづくっている。今日では周囲に樹木が生い茂って遠くまで見通すことはできな

---

[*25]　作庭家：Gartenarchitekt＝庭園建築家
[*26]　枯山水式庭園をさす。

2. 歴史的発展

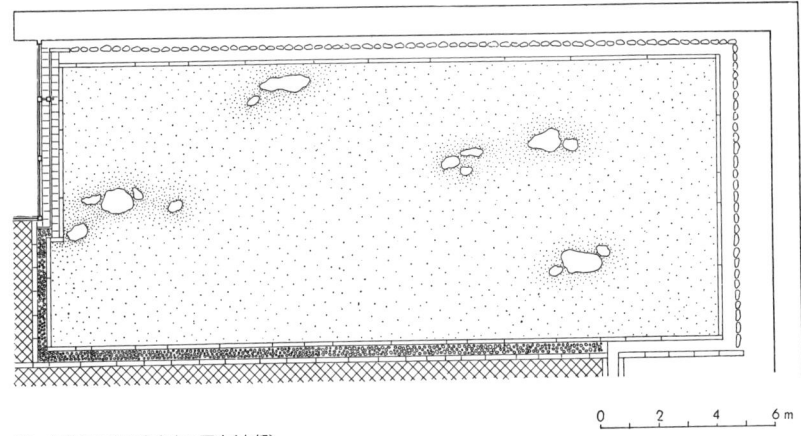

13　象徴性に富む竜安寺の石庭（京都）

くなったが、背後に広がる自然の景観を借景として組み込もうとする意図は明快に伝わってくる。

　16世紀末を迎えると足利幕府の勢力も衰え、日本の国土は内乱によって荒廃した。やがて織田信長から豊臣秀吉へと政権が引き継がれる時代となり、敵対勢力が再びひとつに統合されようとした。

　この時代は短期間だが、中世から近世への移行期としてきわめて重要である。ヨーロッパのルネッサンス時代に相当し、人間が個人としての意識に目覚め、日本でも新しい時代の息吹が芽生えて城郭や邸宅の壮麗さを競うようになる。それに呼応して庭園の造形も華やかなものになり、堅苦しい形式化は避けられた【図15】。

　一時的ではあるが、日本の庭園の重要な性質、つまり静穏さや簡素さといった特質が、この時代に失われていったのである。

　しかし、つぎの新時代の到来はこうした非形式的な庭園を駆逐し、16世紀に茶会の開催などと結びついて茶庭（露地）という新しい形式をつくり出していった。京都にある〈妙喜庵〉の庭園が茶庭のはじまりと言われている【図17】。茶庭は、静謐で簡素なつくりが強調され、象徴的な意味合いをもって、背景をなす自然の風景と結びつけられている。また個々の構成要素は、茶会の開催という実用的な機能を前提に設計されているのである。

　茶庭の存在そのものは、きわめて重要な意義をもっている。第一の意義は、日本の

15

**14 桂離宮の庭園**

1. 書院〈宮殿〉 2. 小茶亭〈月波楼〉 3. 中門〈内門〉 4. 御舟屋 5. 御幸門〈主門〉 6. 外腰掛〈小便所付の待合室〉 7. 四阿〈卍字亭〉 8. 主茶室〈松琴亭〉 9. 四阿〈賞花亭〉 10. 持仏堂〈園林堂〉 11. 副茶室〈笑意軒〉

▶書院：Palast＝宮殿　月波楼：Kleines Teehaus＝小茶亭　中門：Inneres Tor＝内門　御舟屋：Boothaus＝ボートハウス　御幸門：Haupttor＝主門　外腰掛：Wartebank mit Pissoir＝便所付の待合席　卍字亭：Gartenlaube Manji-tei＝四阿の卍字亭　松琴亭：Hauptteehaus Shōkin-tei＝主茶亭の松琴亭　賞花亭：Gartenlaube Shōka-tei＝四阿の賞花亭　園林堂：Buddhistischer Haustempel Enrin-dō＝持仏堂の園林堂　笑意軒：Nebenteehaus＝副茶亭の笑意軒
なお、「主茶室」「副茶室」といった表記がほかでも散見されるが、その根拠は不明で、原著者独自のものと思われる。こうした説明はめずらしく、おそらくは外人向けに機能や使い勝手を建築家として図面から読み込んだのだろう。

庭園の発展過程において果たした役割の大きさにある。飛石*27、敷石*28、手水鉢*29など、今日の庭園の主要な要素が生まれたばかりでなく、単彩色を基調とする植栽が主流になっていったのも、茶庭の影響によるところが大きい。

現在の東京にあたる江戸に、徳川幕府という新しい武士政権が開かれたのは17世紀のことであった。これ以降の19世紀にまで及ぶ約250年間は、日本の歴史のなかでも長く平和を享受しえた時代である。

この時代に庭園は徐々に発展し、さまざまな形式や要素が再構成され、新たな秩序のもとに分類されていった。桂離宮にみられるように、広大な庭園を設計する機会が再び生じてきたためである。

桂離宮の庭園の大きな池のほとりに点在する茶室は、それぞれが小さな茶庭をもち、小道で相互に結ばれている。どの茶庭も独自の個性で彩られているため、小道に沿って歩いていくと眼前にはつぎつぎと新しい風景が広がるようになっている。今日の日本の庭園は、この桂離宮の庭園から大きな影響を受けている。

修学院離宮の庭園は、桂離宮と同様にこの時代の象徴としてよく知られている。自然の風景を庭園のなかに取り込むだけでなく、借景として利用する庭園の代表例である【図20、100】。

15　三宝院の風景式庭園（京都）

16　西本願寺〈飛雲閣〉の風景式庭園（京都）

17　〈妙喜庵〉の茶庭（京都）

---

*27　飛石：Trittstein＝歩くための石、踏み石
*28　敷石：gepflasterter Steinpfad＝石で舗装された小道
*29　手水鉢：Steinwasserbecken＝石製の水盤

18　二条城の風景式庭園

19　京都御所の風景式庭園

▶二条城：die frühere zum Kaiserhaus gehörigen Nijō-Burg＝将軍の旧居城

　庭園が巨大化していった江戸時代には、江戸（東京）や京都だけでなく全国の地方都市にも大規模な庭園がつくられた。その普及過程のなかで定型化*30や標準化*31も進んでいったのである。詳しくは次章で述べるつもりだが、現在定着している「真」「行」「草」という3つの様式が、それぞれ独自に定型化され、普及していった。さらに、ごく小さな細部に至るまで徹底して規格化*32されていったのである。また、単純化*33されることで庭園は、作庭家の手をとくに必要とすることなく、庭師*34だけでつくることが可能になった。

　芸術が一般の人々に理解されるためには、単純化と標準化が不可欠となる。こうした発展の過程は、必ずしも芸術の堕落につながるわけではなく、逆に芸術の全体的水準を高めることになる。

　19世紀末より世界の列強に伍していこうとした日本は、西洋を中心にして外国の文化や芸術を学び、積極的に取り入れた。しかし、庭園に関する西洋文化の影響は、おもに公共施設にかぎられたものであり、個人の邸宅などでは日本の伝統的な庭園が根強く存在した。

　日本の庭園の文化は、当初こそ中国の影響が強かったものの、長い発展の過程において独自で固有の性格をもつに至った。こうした伝統が第二次世界大戦後に大きく揺らぎかけ、不安定になった時期もあったが、幸いにもそれは過去のものになりつつある。

　将来においても日本の庭園の伝統を守り、古くから伝えられてきた形式を保持していくことが望まれる。だが同時に、近代的な生活に必要とされるさまざまな要求を、新たに庭園が組み込んでいくことも模索されなければならない。そうした場合でも、日本の庭園に固有の芸術性にあふれた造形を損なうことがあってはならないのである。

2. 歴史的発展

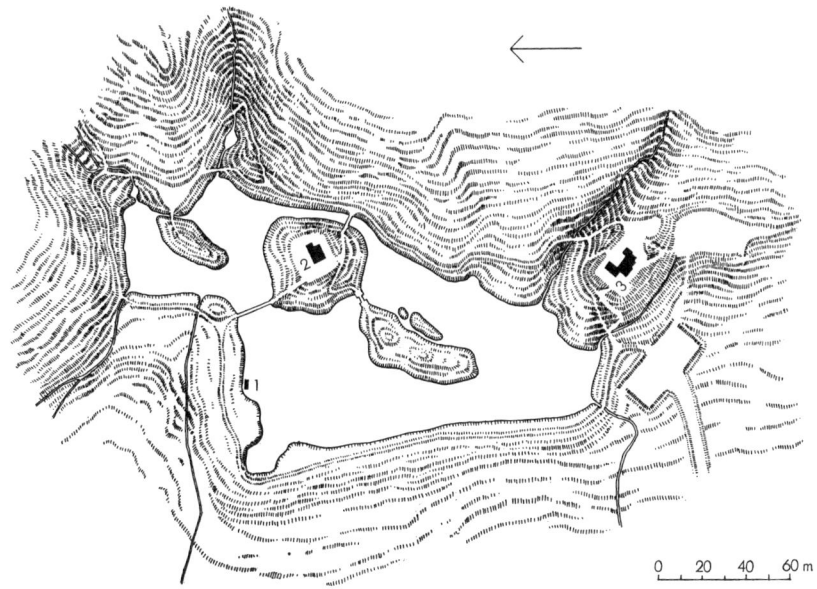

20 修学院離宮の〈上御茶屋〉(上庭)
1. 御舟屋 2. 新茶室〈窮邃亭〉 3. 主茶室〈隣雲亭〉

---

*30 定型化：Typisierung＝類型化
*31 標準化：Schematisierung＝図式化
*32 規格化：Normung＝規格統一
*33 単純化：Vereinfachung＝簡略化、簡素化
*34 庭師：Gärtner＝園芸家

▶御舟屋：Bootshaus＝ボートハウス 窮邃亭：Neueres Teehaus Kyūsui-ken＝新茶室の窮邃亭 隣雲亭：Hauptteehaus Rinwun-tei＝主茶室の隣雲亭

19

# 3.庭園の種類

　日本では、住宅と前面道路のあいだに前庭が設けられる。門から玄関まで敷石が並び、田園的な雰囲気を醸し出すのである。門と玄関が正面に向きあわないように配置されるため、敷石の小道は斜線か曲線となる【図21】。その由来は武士の住宅にあり、開放的な部屋が道路から覗き込まれないようにする工夫だ。それはまた、美的な観点によるものでもある。たんに最短距離を直線で結ぶのではなく、人をわざわざ迂回させ、その途中で芸術的な雰囲気を感じさせるのである。大きな庭園では、前庭に白い玉砂利を敷き詰め、静謐かつ厳粛な印象がつくり出されている。

　主なる庭はたんに「お庭」とも呼ばれ、客間や主人の間と必ず組み合わされて配置される。

　このように庭園の形式は、規模と地形によって定まる。たとえば、池や築山のある大規模な庭園では、その風景を回遊しながら楽しむ。逆に小さな庭園の場合には、室内からの鑑賞にとどまる。

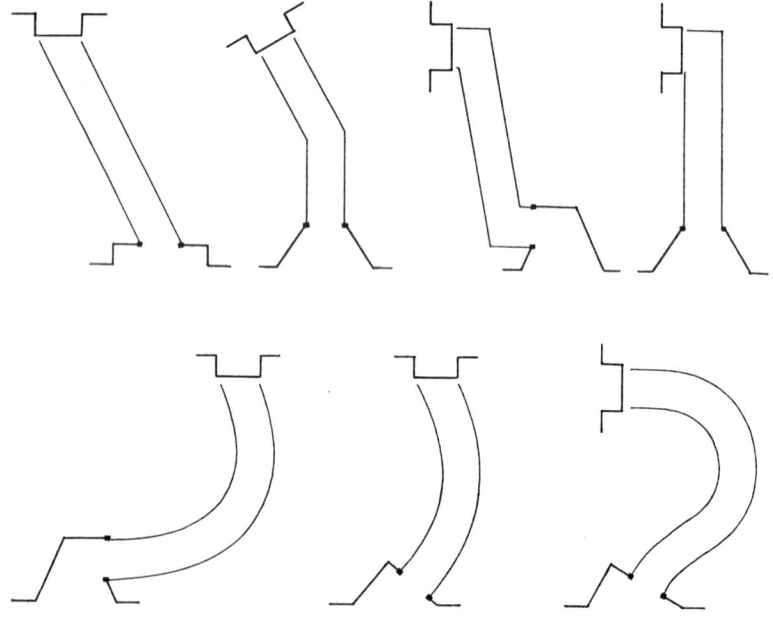

21　家の玄関と門をつなぐ敷石の造形

3. 庭園の種類

日本の庭園には、3つの種類が伝統的に知られている。池泉回遊式庭園、枯山水式庭園、そして茶庭である*35。

池泉回遊式庭園では池がとりわけ重要になる。大きな池の場合には、ほぼ中央に中島があり、渡れるように橋が架かる。中島は自然の姿に似せて不整形につくられるが、池が小さなときは無理に築かれない。池の代わりに庭園の真ん中を流れる小川が設けられることもある【図104、105】。いずれにしても池泉回遊式庭園は、規模の大小にかかわらず、日本の庭園の原型としての特徴をもっている。

22　象徴性に富む大徳寺の平庭（京都）

前節で述べたように、枯山水式庭園は中世に禅寺の付属庭園としてつくられるようになった。その佇まいは近代的な造形感覚と非常に近く、自然というものがきわめて象徴的に、そして抽象的に表現されている。

23　本法寺の装飾的な平庭（京都）。尾形光琳の作とも伝えられる

池や築山を設けた庭園や平庭は、「真」「行」「草」という3つの形式の性格を規範につくられる【図27～30】。真は写実的かつ客観的、草は象徴的かつ主観的で、行はその中間的な性格をもつ。この3つの性格は、庭園だけでなく、日本の芸術のさまざまな分野にみられる。

茶会を愛好する日本人は、茶室の設え

24　大阪近郊の風景式庭園の平庭。遠景を借景として取り込んでいる

*35　日本庭園の分類にはいくつかの考え方がある。属性にしたがって「寺院庭園」「住宅庭園」「茶庭」と分ける場合のほか、鑑賞方法によって「回遊式」と「座鑑式」、立体的変化を考慮して「築山庭」と「平庭」、材料によって「石庭」「砂庭」「苔庭」などと分けることもある。大きく分けると「整形式庭園」と「自然風景式庭園」に二分され、後者はさらに「回遊式」「枯山水」「露地」の3つに分けて考えることが多い。『都林泉名勝図会』では庭園の種類を「築山」「平庭」「路地」の3つに分けて、それぞれを「真」「行」「草」に分類している。
なお原文では、「池泉回遊式庭園：der Landschaftsgarten mit Teich und Hügel＝池や築山のある風景式庭園」「枯山水式庭園：der ebene Garten＝平らな庭（平庭）」「茶庭：der Teegarten＝茶庭」と表記している。

25　象徴性の高い平庭の石庭。妙心寺内の塔頭(京都)

26　裏千家(茶道の宗家、京都)の茶庭

に心をくだく。住宅の一室を茶室としたり、庭のなかに別棟として小さな茶室をつくろうとするのである。すでに述べたように茶庭は、自然の姿が暗示的に表現され、自然の山谷を写した造形であふれている。一方、茶庭にはきわめて機能的かつ近代的な側面もある。蹲(つくばい)や手水鉢、飛石、石灯籠などの要素は、茶会の開催のために機能を発揮するのである(吉田鉄郎『日本の建築』1952年)*36。

　当初の茶庭はひとまとまりで分割されていなかったが、茶会が発展するにしたがって内露地(うちろじ)*37と外露地(そとろじ)*38に分けられるようになった。内露地には、砂雪隠(すなせっちん)*39と内腰掛(うちこしかけ)*40が茶室の隣に設けられる。また外露地には、寄付(よりつき)*41や雪隠*42、外腰掛(そとこしかけ)*43が置かれる。こうした設備は、伝統的に茶室の付属屋として建てられてきたが【図31】、今日ではそのつくり方が変化してきている。庭に茶室を設ける場合でも、付属機能として母屋のなかに組み込まれるのである。

---

*36　前掲3ページ注1『建築家・吉田鉄郎の『日本の建築』』、IX章。
*37　内露地：ein innerer Garten＝内側の庭
*38　外露地：ein äußerer Garten＝外側の庭
*39　砂雪隠：ein Sandpissoir＝砂を敷いた小便所
*40　内腰掛：eine "innere" Wartebank＝「内側」にある待合用長椅子
*41　寄付：ein Wartehaus＝待合用の小屋
*42　雪隠：ein Abort＝便所
*43　外腰掛：eine "äußere" Wartebank＝「外側」にある待合用長椅子

▶塔頭：kleiner Tempel＝小寺
▶「真」：die objektiv-formellen Shin-Typs＝客観的・規範的な真の形式
▶「草」：die subjektiv-symbolhaften Sō-Typs＝主観的・象徴的な草の形式

27 「真」の形式による風景式庭園の典型
28 「草」の形式による風景式庭園の典型

29 「真」の形式による平庭の典型
30 「草」の形式による平庭の典型

3. 庭園の種類

31 茶庭の典型

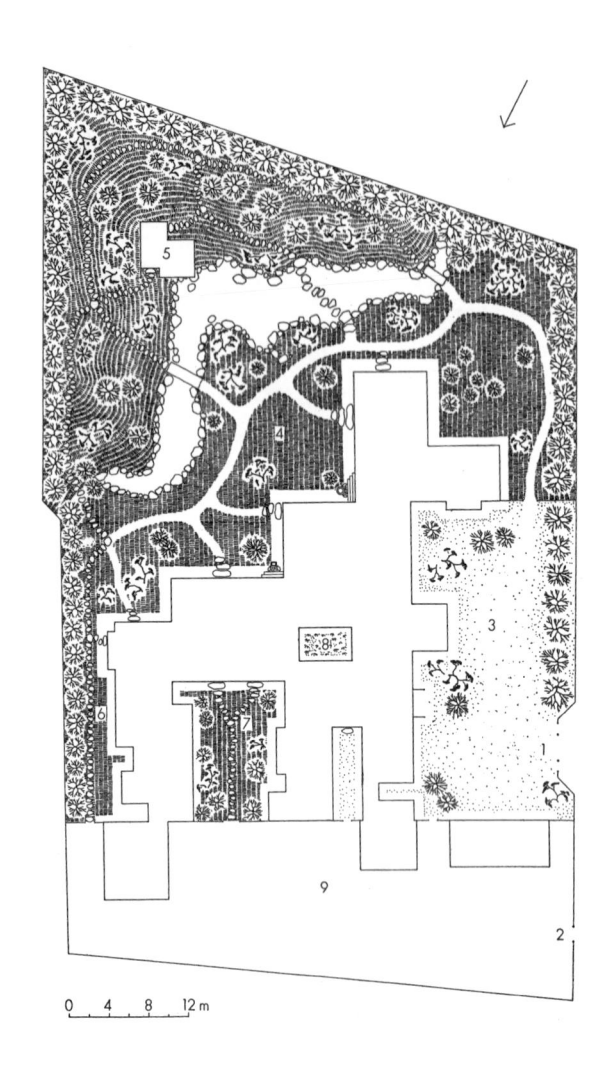

**32 ある住宅の庭園（東京）**
1. 門  2. 勝手口  3. 前庭  4. 主庭  5. 茶室（計画のみ）  6. 茶庭  7. 中庭  8. 坪庭  9. サービスヤード

▶門：Haupttor＝主門　勝手口：Kücheneingang＝台所入口　茶亭（計画のみ）：Geplantes Teehaus＝計画された茶亭　サービスヤード：Wirtschaftsgarten＝家事用の庭。なお、この住宅は原著者の設計による馬場牛込邸（1928年）。

3. 庭園の種類

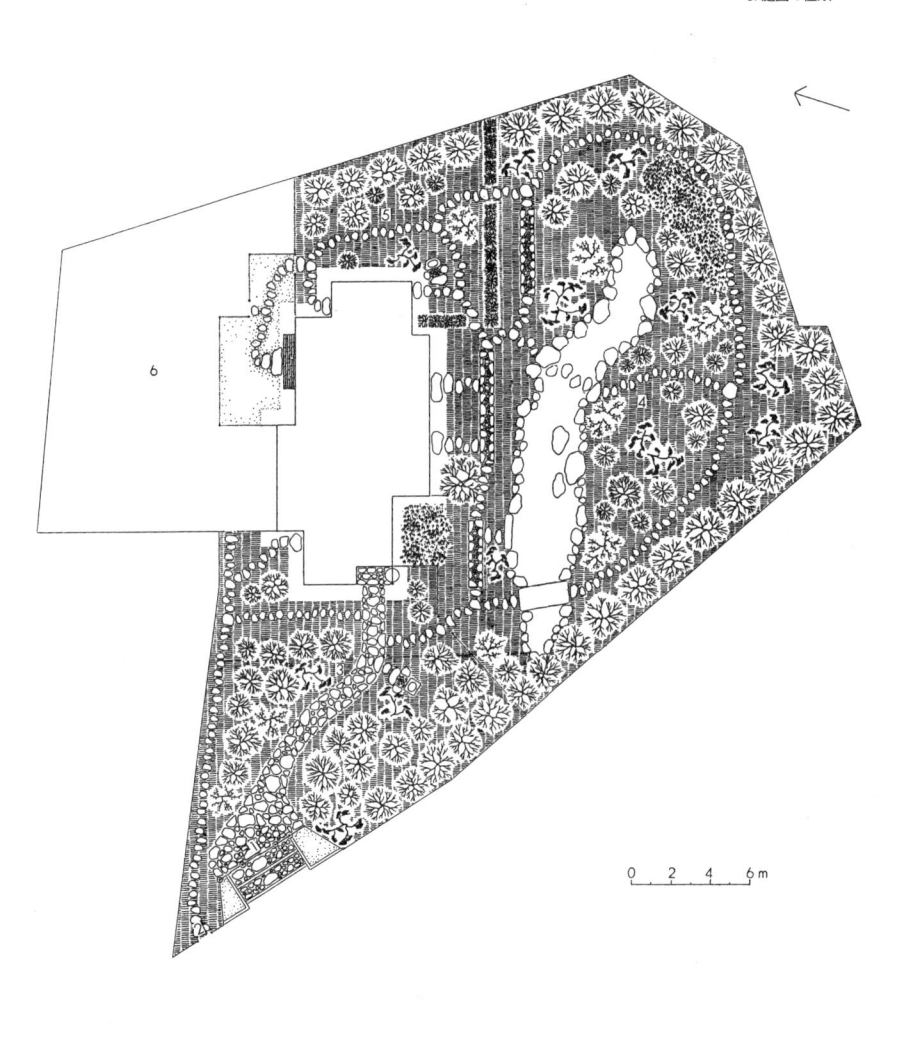

33 ある郊外住宅の庭園(熱海)
1. 門  2. 勝手口  3. 前庭  4. 主庭  5. 茶庭  6. サービスヤード

▶この住宅は原著者の設計による馬場熱海別邸(1940年)。

# 4. 庭園を構成する要素


## A. 池岸、滝、橋

　水は、心を落ち着かせ、気持ちを穏やかにするため、どの形式の庭園でも用いられることが多く、重要な役割を担う【図38】。水の効果は、池岸のかたちに大きく左右される。西洋の庭園では、池岸は幾何学的に造成される。

　それに対して日本の庭園では、自然の姿を徹底して写し、象徴するようにかたちづくられる。風景に溶け込む自然の池の姿や川の流れが、庭園のなかで暗示されるのである。ときには海の風景を表現しているようなこともある。訪れる人の眼前には、まさに自然の姿そのものが広がることになる【図19】。

　滝は、地形の変化によって川がみせる、水の戯れである。日本だけでなくどの国にもあり、人々を感嘆させるが、庭園に滝を持ち込んだ唯一の国が日本である[*44]。日本人

34　寝殿造庭園の遣水（『年中行事絵巻』より）

---

▶遣水：Bächlein＝小川

は古来より滝を愛でてきた。

すでに庭園の歴史で述べたように、日本の古典的な形式の庭園は10〜12世紀にかけて完成した。そのなかで滝は、もっとも重要な構成要素のひとつであり、さまざまな種類のかたちが当時から存在し、細部に至るまで細かく定められていた。たとえば、滝の上下における石の置き方などが決められていて、それを伝統として受け継いできたのである。

また、大規模な滝を庭園に設ければ力強い印象を与えることができるが、恵まれた地形や人工的な手段がなくては実現できない。しかし、多くの庭園でみられるように、地面の高低差がわずかであっても、小さな観賞用の滝であれば自然を模してつくることは可能である【図115〜117】。

橋もまた、水とともに日本の庭園のなかで重要な役割を果たしている。10〜12世紀の古典的な庭園には木造の反橋[*45]が架けられ、中国の橋をモデルに朱色で塗られた欄干[*46]がつく。この橋を潜って往来する川舟も中国風で、舟の上で歌を詠み、歌舞音曲を奏でて楽しむのである。こうした橋がかつての桂離宮の庭園にあったと推測されるのは、同様の橋が今日も残されていることによる【図36】。

現在に残る橋の多くは、欄干のない石橋である。古くは自然石でつくられたが、やがて時代が下ると切石が使われるよう

35　明治神宮の池（東京）

36　栗林公園の反橋（高松）

37　桂離宮庭園の土橋

---

[*44] 滝の定義にもよるが、ほかの庭園と比べて日本庭園においては滝が重要視されていることは間違いないが、唯一のものか否かは断定できない。
[*45] 木造の反橋：die Bogenbrücke aus Holz＝アーチ状の木橋
[*46] 欄干：Geländer＝手すり、横木

38 兼六園の池(金沢)

39 六義園の池の色鮮やかな鯉(東京)

になった【図118〜120】。欄干がつかないのは、自然と人々の生活のあいだに境界線を引きたがらない日本人の自然観の表れかもしれない。そして切石による橋は、直線状か、わずかなアーチ状で架けられ、橋の両端には自然石や灌木が立つ。いずれも美的な観点にもとづいている。欄干つきの長い橋が登場するのはごく最近のことだが、芸術に達しているかは非常に疑わしいと言えよう。

池のなかの飛石は、次節で改めて説明するが、橋の一種と考えられる。山間の川のせせらぎを転がる玉石に見立てているのかもしれない。たとえば、横浜の三渓園の池に置かれた大きな段石は、小川のほとりの建物[*47]へとつづくのである。

石のほかには土と木の橋が挙げられる。土橋は木の躯体の表面を土で仕上げたものだ。反橋にして長く架け渡し、床面を階段状にすることが多い。橋の縁は両側とも少し盛り上げられているが、石橋と同じように欄干はない【図37、122、123】。

木橋にはさまざまな種類があるが、なかでもジグザグ型の橋[*48]が特徴的である。もともとは水深の浅いところで水辺の状況に応じて架け渡されたもので、日本独自の美の理念がかたちとなって表れ出ている。完全さを追求するよりも、不完全さを表現することに価値を置く独特の思想である。この思想は古くからよく知られ、たとえば茶会での設えを規定する基本原理として実践されてきた。直線的で完結した形態よりも、途中で折れ曲がって安定性を欠くジグザグのかたちのなかに、より深みのある美しさを見出すのである【図124〜127】。

ほかに、庭園や公園の池に色鮮やかな鯉を泳がせることもあり、訪れる人の目を楽しませる。

---

*47 〈聴秋閣〉をさす。
*48 「八つ橋」という。幅の狭い板を筋違いに架けた木橋。その名は、無量寿寺の杜若の池に架かる八つ橋(8枚の板による木橋)に由来する。

4. 庭園を構成する要素

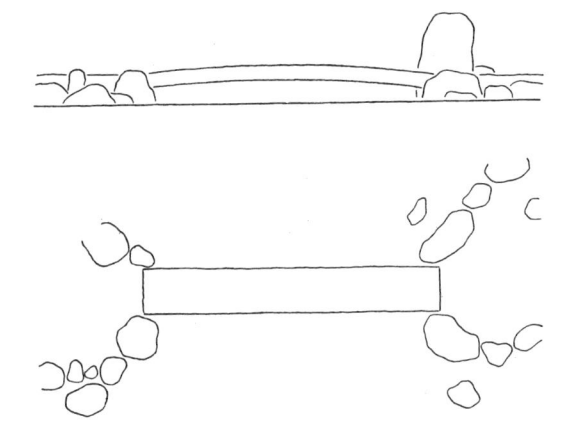

反橋

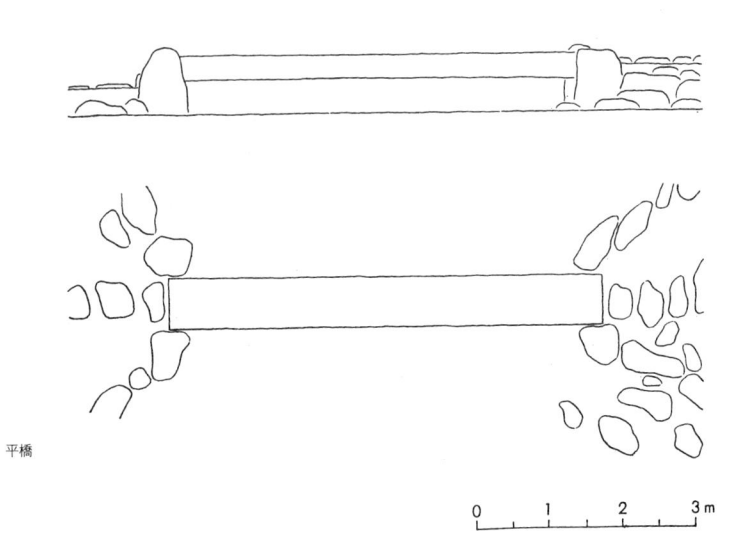

平橋

0　1　2　3m

40　桂離宮庭園の石橋

## B. 飛石と敷石

　日本の庭園でとりわけ特徴的な要素が石であり、いくつかをまとめて立体的に構成されている様子がみられる。池や川の中やほとりに石を置くことによって、庭園の魅力が大きく増していることは容易に理解でき、独特の佇まいが異国情緒を醸し出しているのである。

　なかでも平らな石を組み合わせた飛石は、美しさの効果とともに実用的な役割をもち、清潔で近代的な雰囲気を庭園にもたらしている。飛石はもともと茶庭から生まれたが、今日では日本の庭園に不可欠で最重要の構成要素となった。ある茶匠*49が庭園に飛石を取り入れたといわれるが、その動機は苔に覆われた地面を保護するために、石の上をのぞく部分は人を歩かせないようにすることだった。

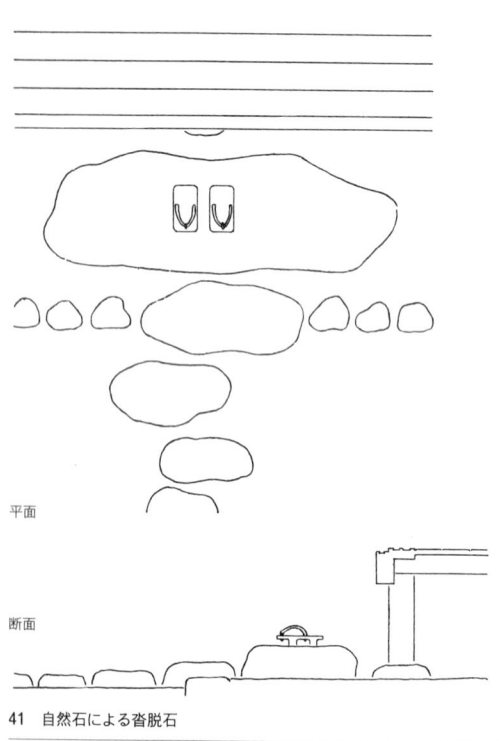

　飛石には平らな自然石を用いることが多く、一つひとつが少しずつ離れて置かれる。その配置は、まるで偶然に、自然の姿のままに石が並べられているかのようであるが、実際には一定の法則がある。大きさ、かたち、色合いにもとづき、一つひとつが互いに調和を保つよう慎重に配慮され、多種多様な飛石の配置が伝統的に形式化されている【図47】。

　千利休(せんのりきゅう)は詩人的な感性にもとづいて、機能的・形式的な意味合いによって飛石をふたつに分類した。人が歩くための6個の石を最初に配し、つづいて美しさを高めるための4個の石を補足的に置く。一方、より情緒に富んだ庭を好む古田織部(ふるたおりべ)は、飛石の

平面

断面

41　自然石による沓脱石

▶沓脱石：Stufenstein＝階段状の石

実用性と芸術性の統一の必要性を強調し、利休とは逆の4対6という比率を提唱したのである。利休と織部は偉大な茶匠であり、作庭家でもあった[*50]。

ここで、庭園のなかで飛石に連なって打たれる段石について、説明しておかなければならないだろう。まず、縁側に接して置かれるのは、大きな自然石か長方形の切石である。庭から室内に上がるときにはこの一段目の石の上に靴を脱ぎ、ふたたび庭へと出られるようにする【図3、102】。そして、一段目の石よりも小さく背の低いふたつの石が、庭に向かってさらに並べられる。この二段目の石と三段目の石は、縁側から飛石に至るあいだをつなぐ役割をもつ【図41】[*51]。

また、飛石の分岐点や要所には、大きめの自然石や少し加工されたものが、特別な石[*52]として置かれる。たとえば、古社寺の基礎に用いられた石[*53]が使われるのである。

ほかに、飛石が長くつづくといった単調さを逃れる方法として、長方形の切石を途中に挿入し、リズムを意図的に変えることもある。ふたつの長方形の石を互いに平行に、あるいは位置をずらして置くのである

42　養浩館庭園の飛石。福井の名高い郊外住宅（1945年に解体）

43　武者小路千家庭園の飛石。京都の名高い茶匠の宗家（「短冊石」の例／【図47】）

44　水面を越えてつづく飛石。東京の植物園

[*49]　千利休の以前までは飛石はなかったとされているが、取り入れた茶匠が利休かどうかは定かでない。
[*50]　原文では、「千利休は詩人的感性にもとづき：der Dichter Sen-no-Rikyū＝詩人の千利休」「より情緒に富んだ庭を好む古田織部：der Romantiker Furuta Oribe＝ロマンチストの古田織部」と表記している。ふたりの作風を対比する飛石の打ち方の逸話として、利休は「渡り（飛石の距離）」を六分に「景（見かけ）」を四分に据え、織部は「景」を六分、「渡り」を四分に打ったとされている（『利休大事典』淡交社）。実用・機能を重視する利休と、デザインを重視する織部の作風とを原著者は「詩人」と「ロマンチスト」として対比づけたのであろう。
[*51]　「一段目の石」「二段目の石」「三段目の石」について、原文ではそれぞれを「der Hauptstufenstein＝主な階段石」「der zweite Stufenstein＝二番目の階段石」「der dritte Stufenstein＝三番目の階段石」と表記している。通常はそれぞれを「沓脱石」「踏段石」「三番石」などと呼んでいる。とくに草庵風茶室の軒内で、躙口の前に据えられる石については「踏石（一番石）」「落石（二番石）」「乗石（三番石）」という。
[*52]　飛石のなかで、道が分岐するところに置かれる石をとくに「踏分石」と呼ぶ。
[*53]　伽藍石（がらんせき）という。

(「短冊石」)【図47-j】*54。自然石のあいだに切石を意図的に打つなど、自然と人為を対比させることも、日本の庭園に独特の手法である。ときには、敷石と同じ石を小さく砕いて飛石のあいだに打つようなこともある。道が平坦でなく傾斜しているところでは、石段のようなかたちで飛石を配置していく【図134、135】。

飛石が打たれる場所は、苔や芝生で整えられた庭の人が歩く部分だけではない。池や小川のなかにも設けられる【図142】*55。また、軒の張り出した下に応用されることもあり、そこは玉砂利を敷かれているか、たたき床となっている【図136、137】。

切石を飛石として用いる場合には、かつて橋の支柱の土台に使っていた石や、古いひき臼など、すでにその機能を終えた石が転用される方法もある。これは、古いものを再利用して新しい美しさを創造するという、茶道の基本的な精神に則っているのである【図144、145】。

前庭に設けられる道の多くは、敷石が用いられる。すでにみてきたように敷石は、飛石と組み合わされることによって日本の庭園に独特の魅力を与えている。敷石として使用する石は、自然の野山から運んできた石と切石の2種類で、これを同時に用いる場合もある。

また、切石を隙間なく敷き詰めることで、さまざまなパターンがつくられるが【図51】、印象的な作例が数多く存在するのは長い歴史をもつ京都である。独特の風情を醸し出す敷石の小道が、美しい前庭にいくつも残されている【図46】。

45 桂離宮中庭の敷石

46 京都の小住宅における前庭の敷石

---

*54 短冊石:"Tanzaku"-Stein=「短冊」状の石。2本の細長い長方形の石を互いにずらしながら平行に置くかたちの敷石。
*55 浅い池や小川などの水中に打たれた飛石を「沢渡」「磯渡」「沢飛石」などという。

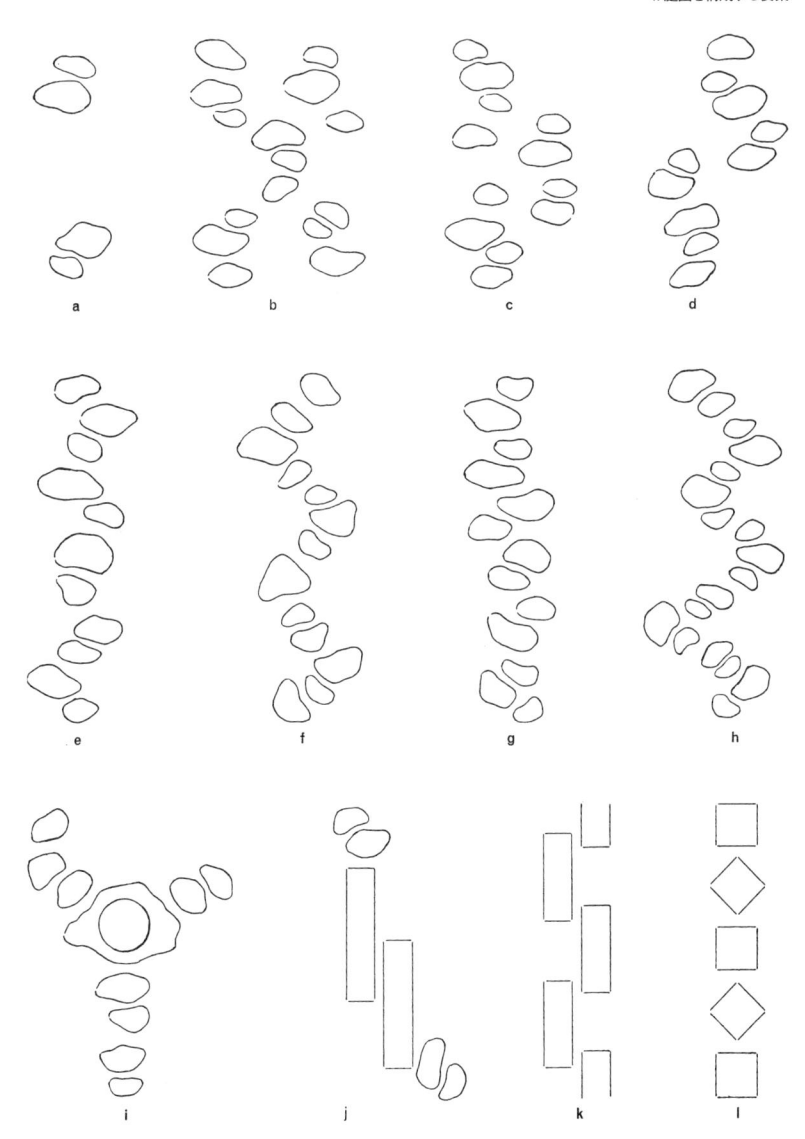

**47 飛石の多様な例**

a〜d. 基本的な飛石の配置　e〜h. 長くつづく飛石の変化ある造形。ずらしながら石を配置する特徴が誇張される　i. 寺社の基礎石を用いた飛石　j. 短冊石による飛石　k〜l. 切石による飛石

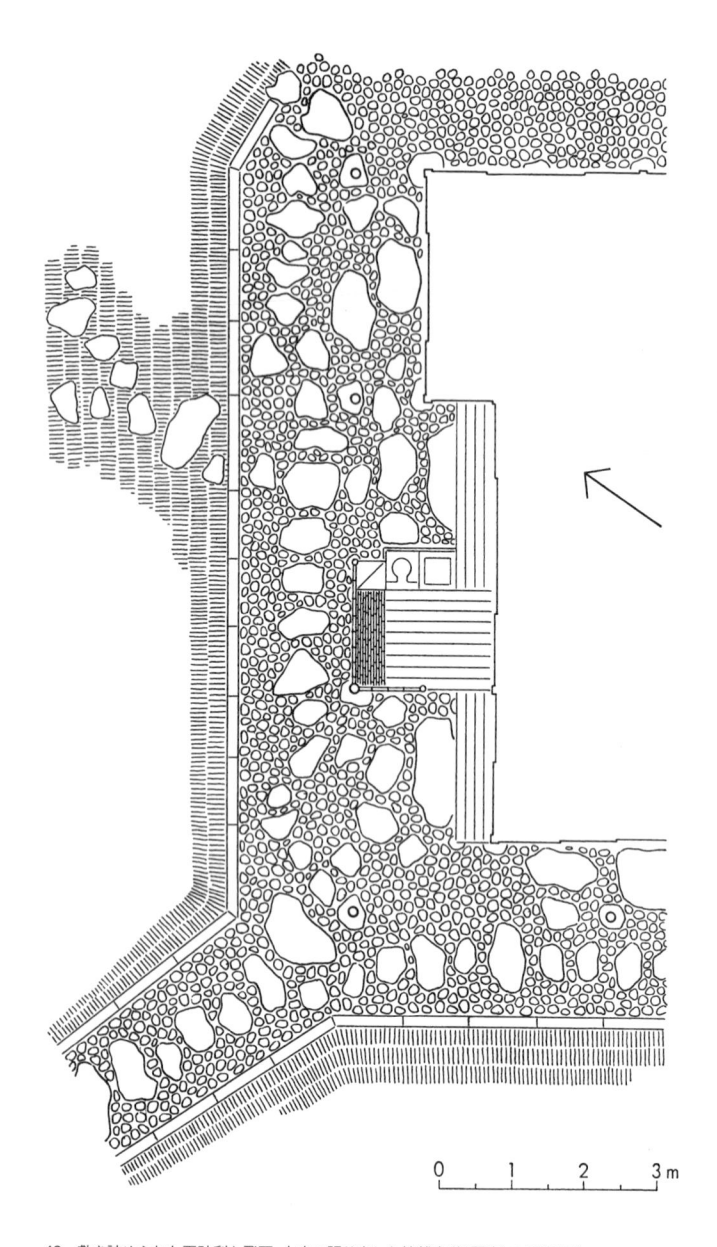

48 敷き詰められた玉砂利と飛石。土庇の張り出した桂離宮〈松琴亭〉の濡縁部分

4. 庭園を構成する要素

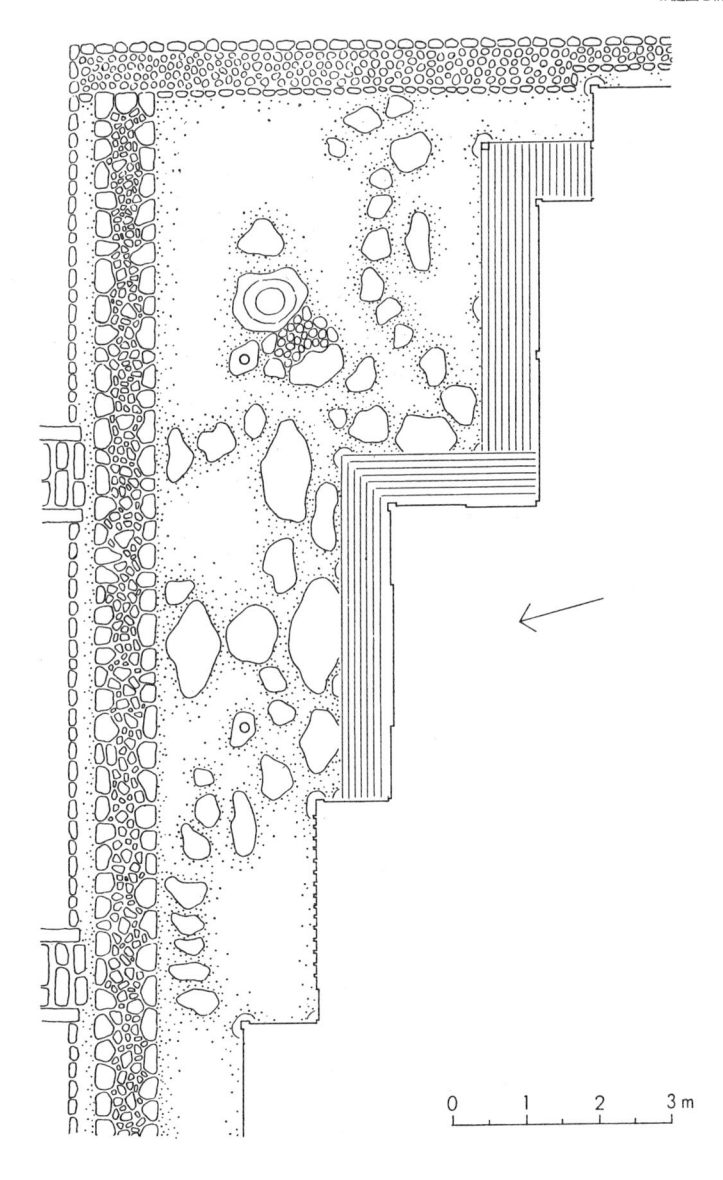

49 たたき床の上の飛石。桂離宮〈笑意軒〉の前庭

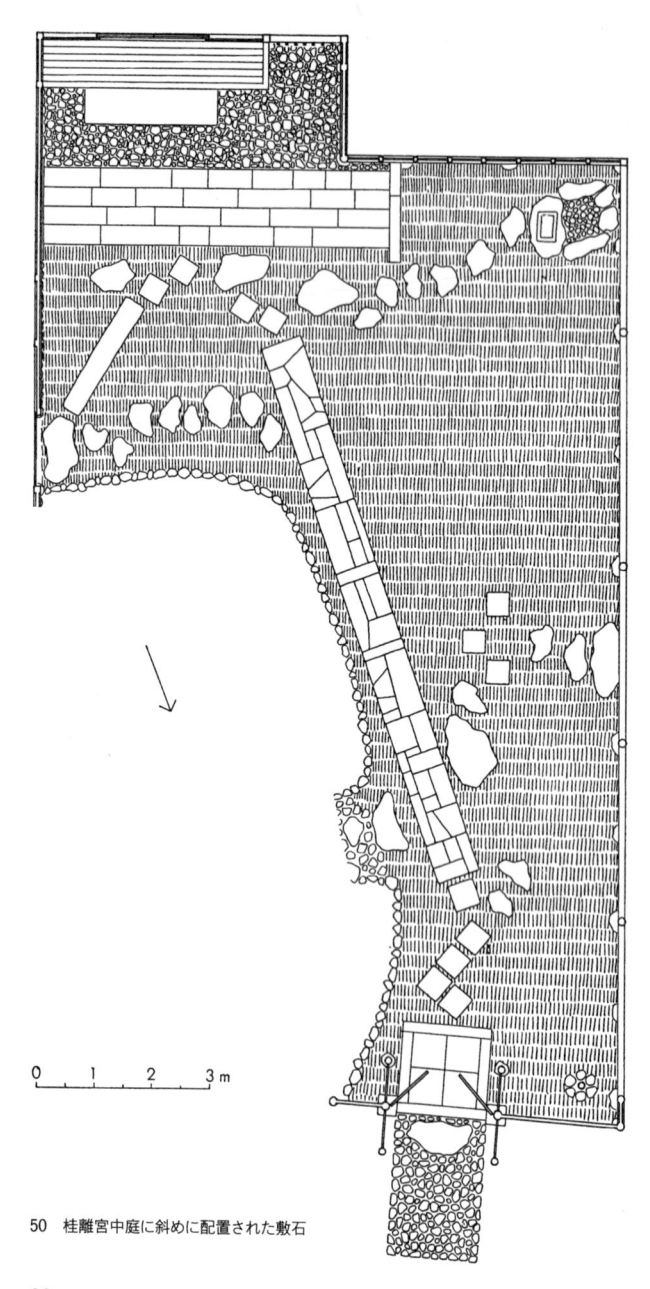

50 桂離宮中庭に斜めに配置された敷石

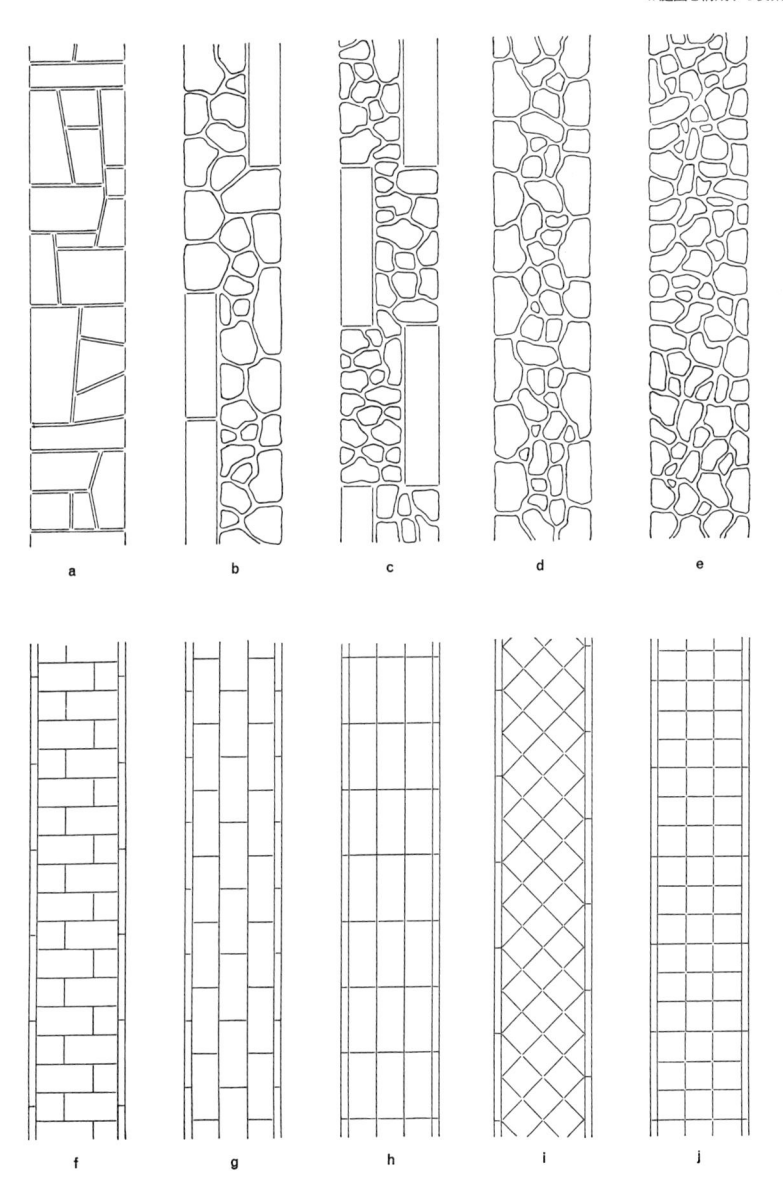

51 自然石と切石による敷石

a～e. 自然石と荒加工された石による敷石　f～j. 切石による敷石

## C. 手水鉢と石灯籠

　庭園で手を洗うための石の水盤には、ふたつの種類が知られている。ひとつは茶庭で用いるもので、身をかがめて手を洗う蹲(つくばい)であり【図52】、一方は縁側に接して置かれるもので、立ったまま使用する手水鉢(ちょうずばち)である【図53】。蹲については以前にも述べたので、ここではくわしい説明は省きたい（吉田鉄郎『日本の建築』）*56。

　手水鉢は蹲が発展して生まれたものと考えられるが、持ち運びのできる器に水を張って縁側の前に置いておく習慣は古くからあった。水は清純の象徴であり、いつでも水で手を清められるようにしておくことが重要だったのである。今日、手水鉢は用便のあとで手を洗うために使われており、縁側の端にある便所の脇に置かれている。ここは小さな露台*57となっていて、床面の仕上げは竹か、装飾的な細工が施された木板である。前に軽く身をかがめて、木の柄杓(ひしゃく)で手水鉢から水をすくい上げるようにして使っている。

　手水鉢の素材となるのは、自然石そのものか、多少の彫塑をくわえた石である。本来の機能を終えて打ち捨てられたままになっている石の一部が、改めて手水鉢として用いられることもある。すでに述べたように、古い材料を新しい美意識によって転用していくという茶道の精神の発露が、ここにもみられる。

　そして水鉢の内側はセメントで固められ、中央に水を流す穴が開けられるが、この穴は数個の玉石*58で塞がれているのが普通である。手水鉢の左右には高

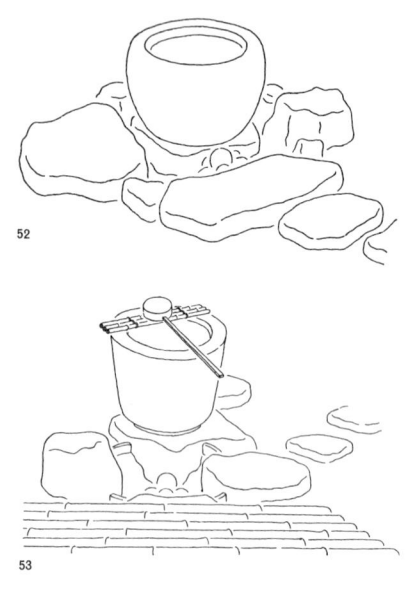

52

53

52　茶庭に置かれる低い手水鉢
53　縁側に接する背の高い手水鉢

---

＊56　前掲3ページ注1『建築家・吉田鉄郎の『日本の建築』』、IX章。
＊57　小さな露台：eine kleine Terrasse＝小さなテラス
＊58　玉石：Kugelstein＝球形の石。「五郎石」「五呂太石」などともいう。
＊59　「湯桶石」「手燭石」と呼ぶ。
＊60　手水鉢を囲んで、「湯桶石」「手燭石」「前石」の役石の組み合わせで構成される手水施設を「蹲」という。
＊61　この仕掛けを「鹿(しし)おどし」という。注がれた水が満ちると竹管が回転し、小石にぶつかってカンという響きを発する。もともとは、農作物を荒らす鹿や猪を追い払うために用いられた。
＊62　原文での表記は、「基礎：Sockelfuß＝台座の底部」「竿：Sockel＝台座」「中台：Mittelsockel＝中央部分の台座」「火袋：Lichtbehälter＝光源部」「笠：Kopfstück＝頭部」とされている。

さが異なるふたつの自然石[*59]を置き、濡れ縁の下にも同じように平らな前石が打たれる。手水鉢の後ろ側にはさらに低くて広い石が設置されるが、この石は水盤に新しい水を注ぐ際に段石として使われ【図53】[*60]、手水鉢の水は汚れないように頻繁に交換される。また、竹管を使って新鮮な水を注ぐことも少なくなく[*61]、簡素な自然の風合いを活かしたこの仕掛けは日本の農村でいまもよくみかける。竹管は節の部分が彫り抜かれ、回転する支点の部分には接合材として木の小片が用いられる【図55】。

54 西川邸庭園の手水鉢

　手水鉢の周囲には石灯籠を置くのが一般的である。古典的な形式の石灯籠は、基礎、竿、中台、火袋、笠といった要素で構成される[*62]。後ろ側に置かれる背の低い石は、美的な効果にくわえ、灯籠に火を灯すための段石という機能も果たしている。脇に立木や灌木が植えられるのは、木の葉が灯籠の一部を覆い隠すことでその美的効果が増し、光に独特の調子も生まれるからである。

55 同庭園の手水鉢と竹製の水管

　石灯籠が置かれるのは手水鉢の周囲だけでなく、庭園の主要な場所にも立てられる。灯籠から漏れる光が装飾的な効果をもたらすためで、2本の苑路が交差する地点や木立ちの影、園池の岸といったところに配置される。

　その原型は社寺に奉納された灯籠といわれるが、茶会が夜に開催されるようになってからは庭園の照明として置くようになった。石灯籠は風雨にさらされて年月とともに味わいを深めるし、弱々し

56 同庭園の縁側前に置かれた背の高い自然石の手水鉢

▶京都の華道家・西川一草亭の邸宅庭園と思われる。

57 桂離宮前庭の石灯籠

58 旧芝離宮恩賜庭園の石灯籠

い灯火がはかなげに明滅している状態もよい。不完全なものの美しさを尊ぶ茶道の精神が、こうした感性を育んできたのである。やがて時代が下るとともに、茶庭にかぎらず一般の庭園にも用いられるようになった。

そして石灯籠の形もさまざまに発展し、基礎部分や頭部の宝珠*63を省略したようなものも今日では現れている。竿をあえて設けず、火袋が地面の上に直接載るようなものもあり、その先例を桂離宮の庭園にみることができる*64。また、竿の部分が2〜4つに分割されているような例もある【図60、62】。近代的な庭園ではまったく新しい種類の石灯籠が出現しているが、大きさにこだわるあまりに庭園の美観を損なってしまっている例も見受けられ、残念でならない。

---

*63　宝珠：Knauf des Kopfstück＝笠(頭部)の玉飾り
*64　桂離宮〈笑意軒〉舟付きの「三光灯籠」を指す。

4. 庭園を構成する要素

59 手水鉢のさまざまな例

60 石灯籠のさまざまな例

4. 庭園を構成する要素

61 桂離宮庭園の石灯籠の配置

1. 書院
2. 小茶亭〈月波楼〉
3. 外腰掛
4. 主茶亭〈松琴亭〉
5. 畳敷きの四阿〈賞花亭〉
6. 持仏堂〈園林堂〉
7. 副茶亭〈笑意軒〉
a～m. 石灯籠

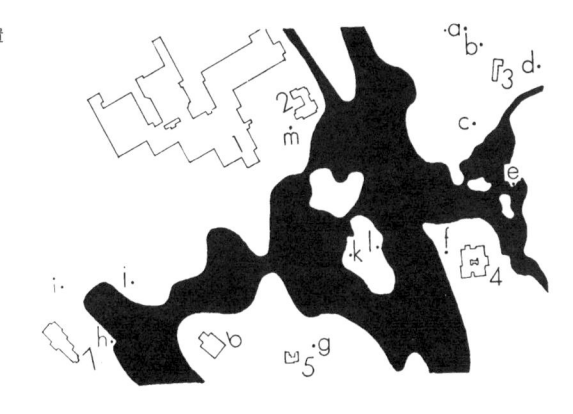

62 桂離宮庭園の石灯籠の例

# D. 茶亭と四阿

　庭園や公園のなかで美しい眺望が開けている場所には、茶亭や四阿*65が建てられる。とくに池岸や丘の上といったところが多い。茶亭や四阿によって庭園は魅力を大きく増し、伎芸を嗜む社交の場としての設えも整うのである。

　10〜12世紀に興った寝殿造には、池に面して開放的な庭が設けられており、庭園や自然の美しさへの意識がすでに表出していると言える【図63】。やがて中世になると、金閣や銀閣のような庭園建築*66がつくられるようになり、茶会の開催を通じて上流階級の社交場として機能しはじめた。のちには華麗さを嫌うようになるが、この時代は非常に華やかで壮麗な茶会であった【図11、12】。

　そして16世紀以降、茶室は書院の一部に併設されるだけでなく、庭園のなかに独立した離れとして建てられるようになった。茶会が儀礼化するにしたがって、別棟の茶亭がつくられるようになっていったのである。その代表的な例は桂離宮の庭園にみら

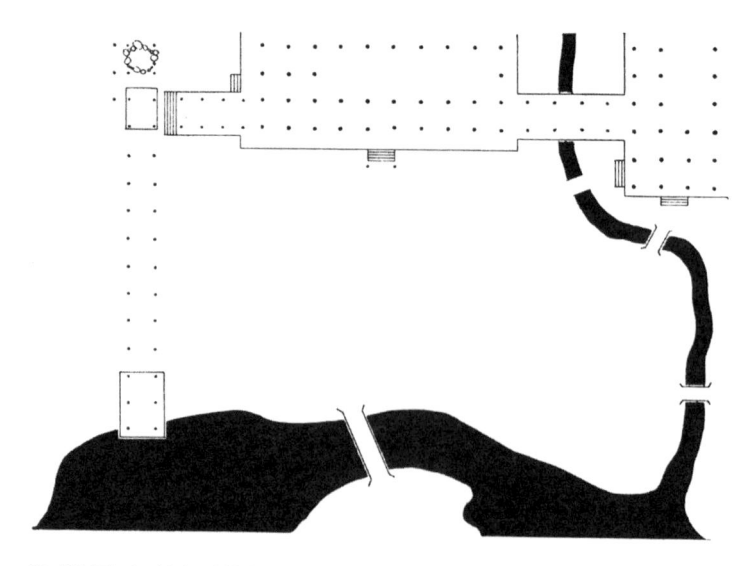

63　池に面してつくられる寝殿造の庭園

---

*65　四阿：Gartenlaube＝園亭
*66　庭園建築：Gartenpavillon＝庭園内のパビリオン
*67　床の間：die Bildnische＝絵を飾る壁の凹部。壁龕
*68　躙口：der lochartige Gästeingang＝壁穴のように見える、来客用の入口

れる。〈松琴亭〉〈笑意軒〉〈月波楼〉のほか、砂雪隠のある腰掛、〈卍字亭〉や〈賞花亭〉といった四阿、持仏堂としての〈園林堂〉が、大きな園池のほとりに散在し、苑路を通じて行き来できるようになっている。苑路を抜ければこれらの美しい建物が、あるときは遠望でき、あるときは間近で目にすることができる。桂離宮は、庭園と建築が相互に魅力を引き出しあう希有な存在と言える。また、こうした建築は、そのほかの修学院離宮をはじめとする数多くの日本の庭園においても、最大の見せ場となっているのである。

　小さな離れである茶亭は、おもに茶室の機能を果たす。大きさは2畳か3畳、あるいは4畳で、最大でも4畳半にすぎず、茶室の発展とともに規模が小さくなっていき、天井の高さも2mに満たなくなっていった。農家風の質素なつくりで、床の間*67、小さな炉床、壁に穿たれた穴のような躙口*68なども簡素なものであり、各要素の相乗効果によってひとつの精神的な美の世界をつくり出している。

　窓は、採光と通風のために設けられるが、庭を眺めることはできない。茶会の席では茶に集中することが何よりも必要で、これを妨げるようなことがあってはならないのである。茶室の造形は、細部に至るまで茶の作法と関連づけられており、**機能性・精神性・芸術性の統合が理想的に示されている。**

　茶亭に隣接していくつかの付属建物が設けられるが、なかでも腰掛がもっとも特徴的ではないだろうか【図72、187】。

64　修学院離宮〈上御茶屋〉の茶室〈窮邃亭〉

65　椿山荘庭園の茶室。かつての別荘建築で現在は料亭（東京）

66　明治神宮庭園の四阿（東京）

▶椿山荘は、当初は山県有朋侯爵の邸宅で、のちに藤田家東京別邸（藤田伝三郎親子）となり、今日は藤田観光所有の結婚式場・宴会場として営業している。原書が書かれたころには木造の和風建築が残っていたとされる。

67 寝殿造の庭園（映画『源氏物語』より）

68 金閣寺（京都）

腰掛はとても簡素なつくりで、日本は雨の多い気候のため、屋根が架けられる。たんなる片流れの屋根を架け渡しただけのような場合もある。腰掛の座面には木板か竹が張られ、床面には飛石が打たれている。来客者が全員そろったところで寄付から腰掛へ移動するが、寄付も腰掛も外露地に設けられている。そして亭主が中門まで出迎えるまで、来客者は茶会の開始が告げられるのを腰掛で待つ。この腰掛から庭園の美しさを眺め、茶会へ向けて気持ちを落ち着かせるのである（吉田鉄郎「茶室と茶庭」『日本の建築』第IX章、1952年）。

　茶亭よりもさらに簡素な四阿は、自然の風合いを活かした建物である。小屋のように単純なつくりで、柱には自然木の幹が加工されずに用いられ、その姿はキノコや雨傘などに例えられることがある【図66】。

　だが、かぎりなく簡素であっても、いくつかの特徴を見出すことはできる。桂離宮の庭園には、〈卍字亭〉のような石床に長椅子を置いた四阿がある【図73、188、189】。同じく桂離宮の〈賞花亭〉は、床を畳敷きとした別のタイプの四阿で【図74、190、191】、内部の仕上げはあたかも自然の一部でもあるかのように単純なものであり、地形や眺望をうまく活かし、自然の材料をそのまま用いて造形されている点に大きな特徴がある。それは、今日われわれが立ち向かっている近代建築にとっても、大きな示唆を与えてくれる。

▶金閣寺：Kinkaku（Gold-Pavillon）＝金閣（金色のパビリオン）

4.庭園を構成する要素

A. 立面図

B. 断面図

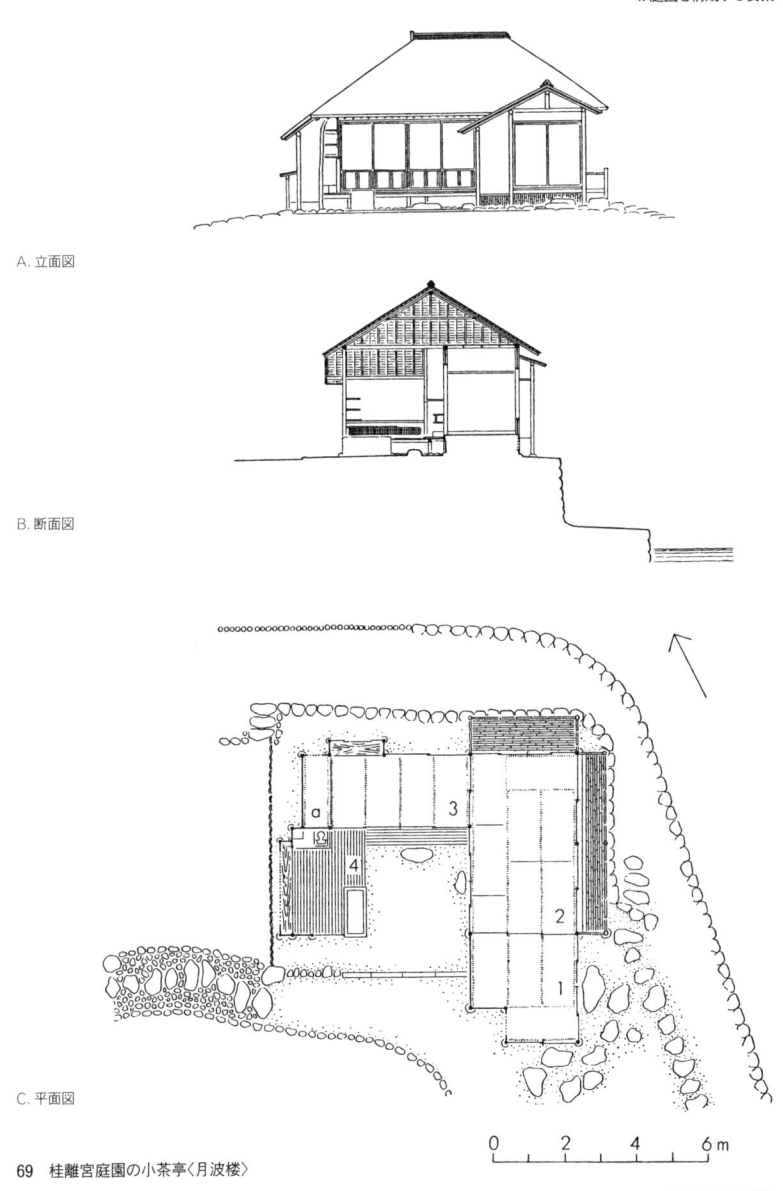

C. 平面図

0  2  4  6m

69 桂離宮庭園の小茶亭〈月波楼〉

▶原書に室名は欠けているが、一般的にはつぎのとおりである。
1.次の間  2.中の間  3.一の間  4.膳組所  a.床

A. 立面図

B. 断面図

70 桂離宮庭園の主茶室〈松琴亭〉

4. 庭園を構成する要素

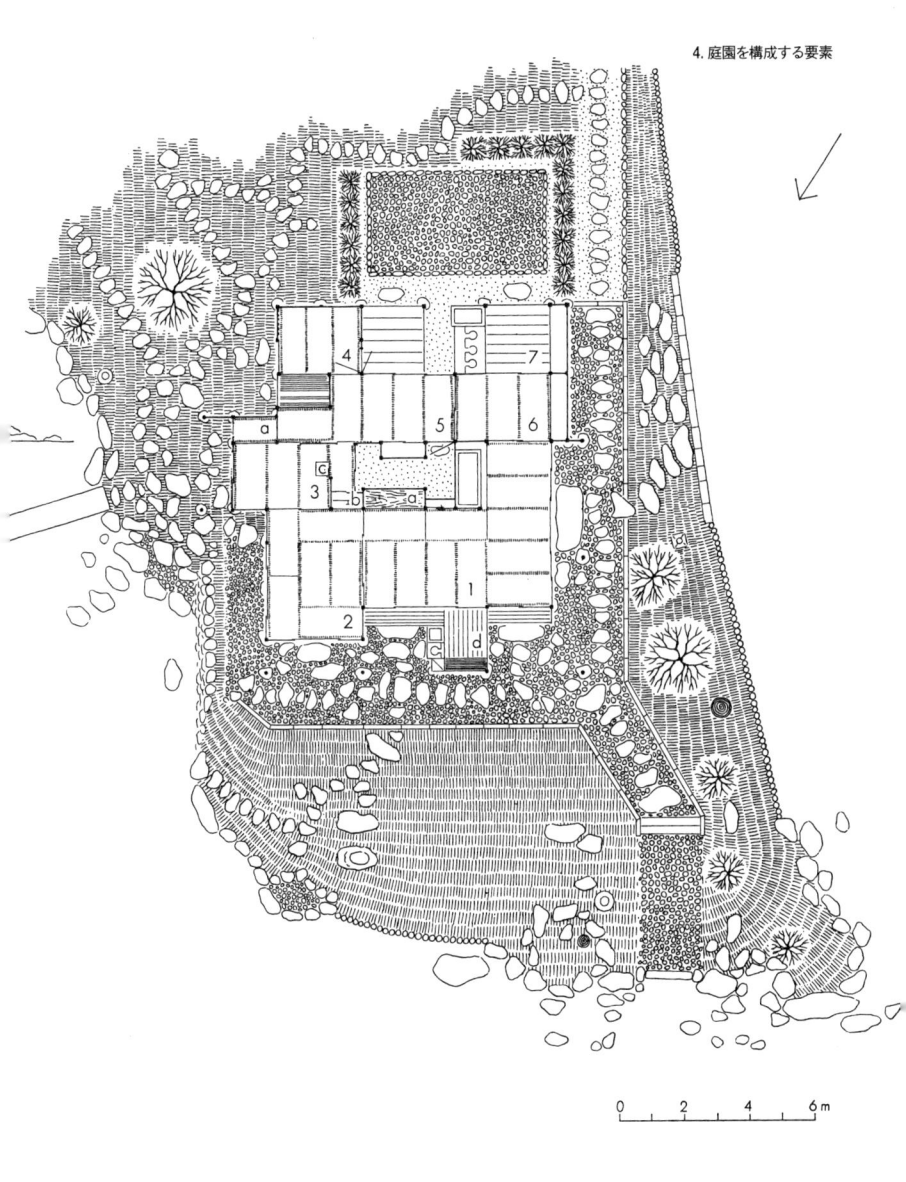

0 2 4 6m

C. 平面図　1. 一の間　2. 二の間　3. 茶室　4. 水屋　5〜6. 後の間、次の間　7. 板間（台所）　a. 床　b. 棚　c. 炉　d. 吹き放しの水屋

▶一の間：Hauptraum＝主室　二の間：Nebenraum＝副室　水屋：Teeküche＝お茶用の台所　後の間、次の間：Zimmer＝部屋　板間：Küche＝台所　床：Tokonoma　棚：Tana　炉：Feuerstelle＝火を焚く場所、かまど

51

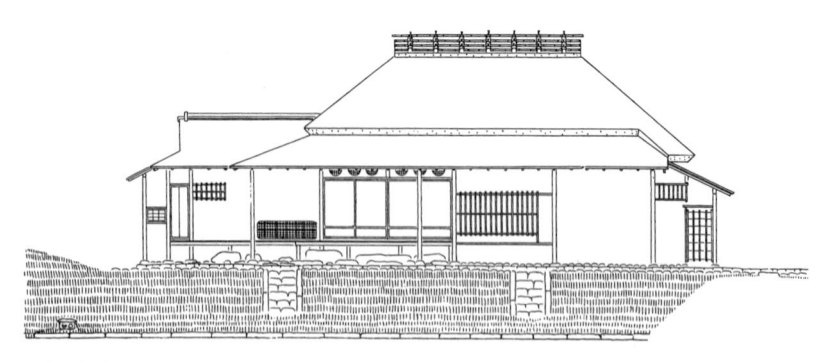

A. 立面図

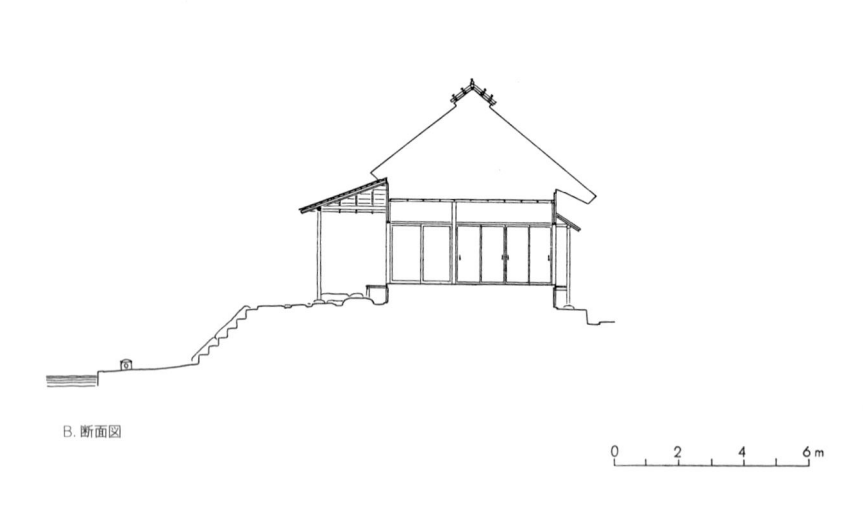

B. 断面図

0　2　4　6m

71　桂離宮庭園の副茶室〈笑意軒〉

4. 庭園を構成する要素

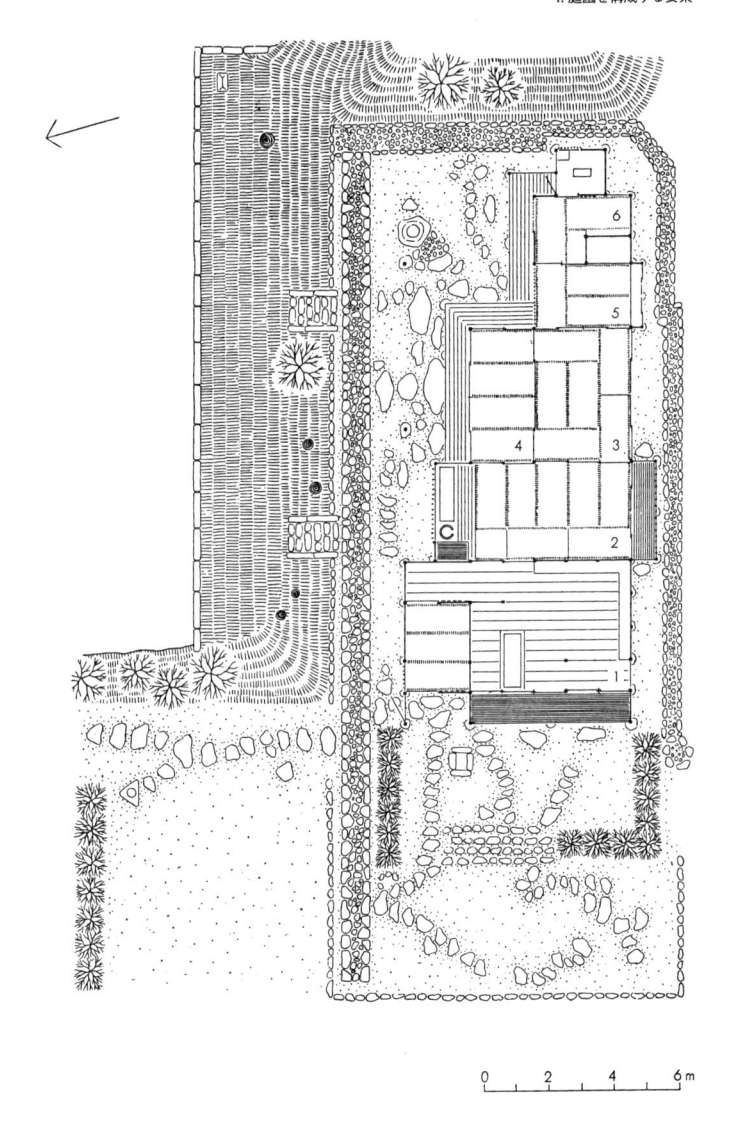

C. 平面図 　1. 御膳組の間　2. 次の間　3. 中の間　4. ロの間　5. 一の間　6. 納戸

▶ 御膳組の間：Küche＝台所　次の間：Anrichte＝配膳室　中の間：Mittelzimmer＝中央の部屋　ロの間：Eingangsraum＝玄関　一の間：Hauptraum＝主室　納戸：Zimmer＝部屋

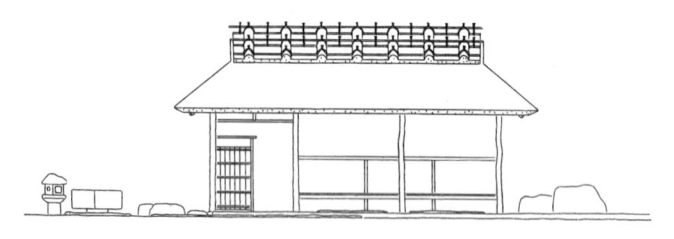

A. 立面図

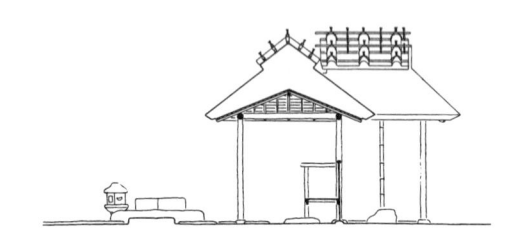

B. 断面図

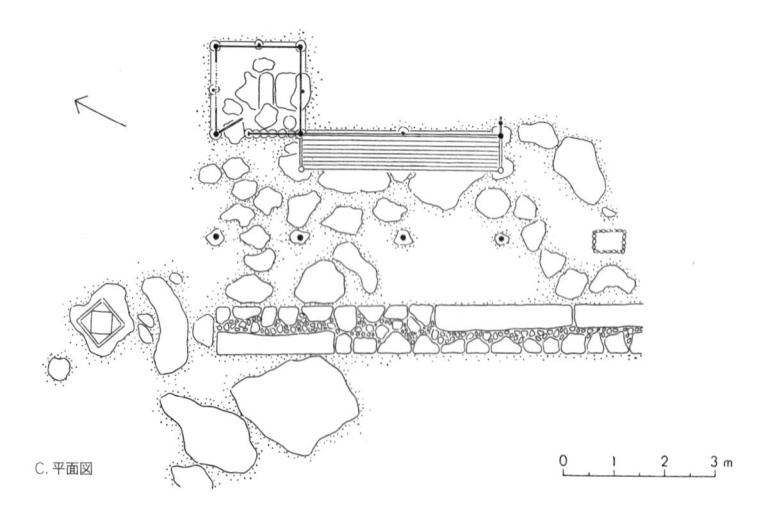

C. 平面図

0　1　2　3m

72　便所を付設した外腰掛。桂離宮庭園　　A. 立面図　B. 断面図　C. 平面図

4. 庭園を構成する要素

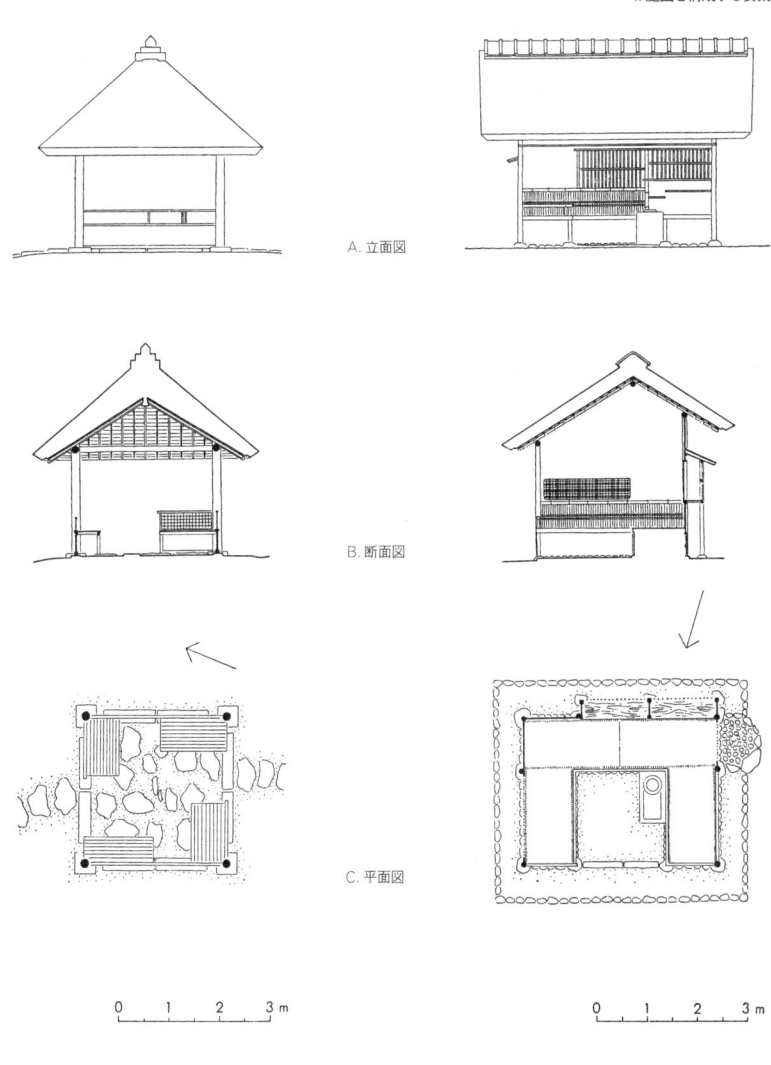

A. 立面図

B. 断面図

C. 平面図

0  1  2  3 m

0  1  2  3 m

73　桂離宮庭園の四阿〈卍字亭〉

74　桂離宮庭園の四阿〈賞花亭〉

55

## E. 植栽

　庭園の性格は、植栽のあり方によって何よりも大きく左右される。植栽は庭園のなかで最重要の要素だが、ヨーロッパと日本ではその考え方が根本的に異なっている。ヨーロッパの庭園では、花を咲かせる樹木や灌木、色とりどりの草花によって、変化に富んだ表情がつくり出されている。それに対して日本の庭園は、緑色の庭木だけが植えられ、緑一色の様相を呈している。

　すでに述べたように植栽に対する考え方の相違は、ヨーロッパは多彩色、日本は単彩色という表現で言い表すことができるかもしれない。

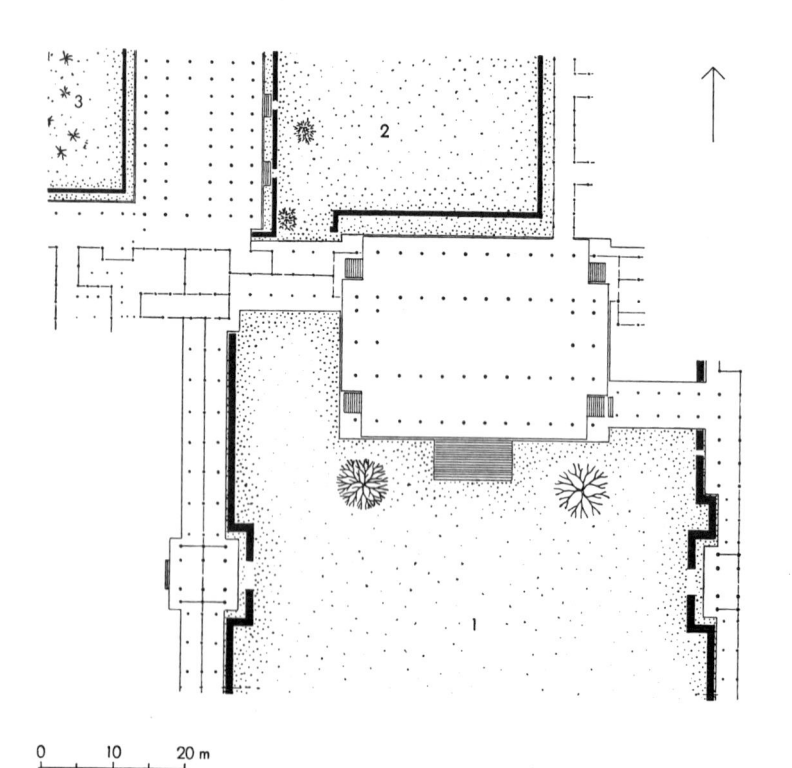

75　京都御所の庭園。近年まで岩黄書の庭は現存していた
1. 紫宸殿前の庭園　2. 清涼殿前の庭園　3. 岩黄書の庭

日本の庭園の歴史を振り返れば、植栽が色鮮やかだった時代も確かにある。10〜12世紀の古典的な形式の庭園では、松や柳のそばに桜や梅などの木も植えられ、花を咲かせる鑑賞用の灌木が中庭に植えられることもあった。京都御所には、岩黄耆(いわおうぎ)の庭がつい最近まで存在しており、以前はこの植物が中庭用の植栽として人気を博していたことを物語っている【図75】。

やがて中世になって南宋で発展した禅宗と水墨画が日本に伝来し、そこでの新しい思想が庭園のあり方に大きな影響を与えることになる。草花も、花を咲かせる庭木や灌木も、節度のないものと考えられるようになり、その代わりに植えられるようになったのが、永遠性を象徴するものとしての常緑樹である。

さらに16世紀、禅宗の思想を背景とした茶会が儀式の完成を迎えた。茶庭を訪れる人々は、清純さや静けさといった感覚を触発されるのである。そこでは派手な演出をいっさい控え、単一の調子で全体が整えられていった。

その後も再び花のある植栽が用いられたこともあったが、あくまで限られた部分にでしかなく、日本の庭園は今日もなお単彩色が主なのである。鮮やかな色調を欠くのは確かだが、単彩色と単調さとは根本的に異なる。たとえば京都の修学院離宮で、丘の上の四阿から眼下に広がる斜面を眺めてみるとよい。丹精をつくした庭木や灌木が、緑の色調の微妙な変化となって見事に調和している様子に驚かされるだろう。色鮮やかな草花や灌

76　庭園内の梅の木（東京）

77　明治神宮庭園の山吹（東京）

78　仙洞御所庭園の藤

79　後楽園の燕子花。菖蒲の一種（東京）

80　三渓園のススキ。パンパスグラスの一種（横浜）

木では決してできない、統一感のある全体像をつくり出すことができるのである。

　日本の庭園では常緑樹のなかでも針葉樹がとくに好まれてきた。伝統的にもっともよく用いられるのが松であり、庭園のあちこちの要所に植えられる。緑色の針葉をはじめ、曲がりくねった幹や枝のかたちが日本人の感性を刺激するのかもしれない。池岸にも枝ぶりのよい松が配され、水面に映る姿を楽しんだりする【図194】。

　花を咲かせる庭木が用いられる場合には、梅のように明澄な色の花の木に限られることになる。カミツレやツツジのように花をつける灌木も植えられるが、この際も必ず常緑の葉をもつ種類でなければならない。

　萩や岩黄耆は、柔らかい枝と小ぶりの愛らしい白い花で人気がある。パンパスグラスの一種であるススキ（Miscanthus sinensis）も同様だ。木賊（とくさ）（Equisetum Hyemale var. japonicum）やシダ（Filices）などの花をつけない草は、茶の精神性や美的価値を示す役割をもつ。

　そして、芝も日本の庭園を構成する要素だが、その存在が注目されはじめたのは近代[69]になってからである。同じような緑色の庭面としては、苔が一面に広がる姿は日本の庭園の特徴をよく示している。苔の生育は地面の性質によるが、たとえば京都の土地がよく適しており、美しい苔に覆われた庭園が数多く現存する。もっとも美しい庭園が西芳寺で、自生も含めた多様な苔が庭面に広がっている。あまりに美しいために「苔寺」と呼ぶこともある。

---

*69　近代：neue Zeit＝新しい時代

4. 庭園を構成する要素

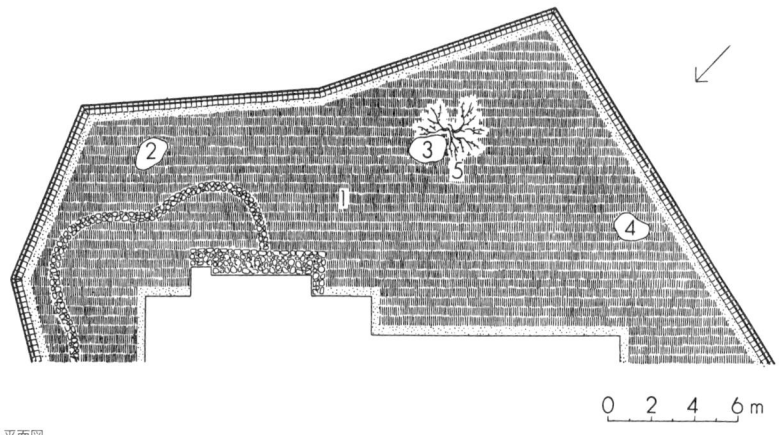

平面図

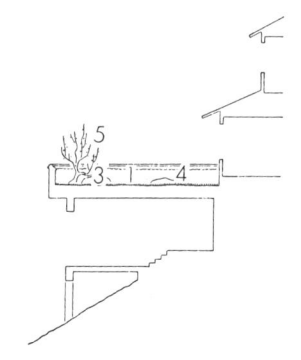

断面図

81 熱海のある住宅の屋上庭園
1. 芝生　2〜4. 石　5. 梅の木

▶ この日向熱海別邸（1936年）は、ブルーノ・タウトが地下室のインテリアを設計したことで知られる。

## F. 垣（袖垣、仕切垣、囲い垣）

　袖垣\*70は、日本の庭園のなかできわめて特徴的な存在である。建物に付設されて庭に突き出し、外壁の一部のようにも見える。大きさは幅1m・高さ1.5mほどで、竹やイグサ、岩黄耆の細枝、またこれらに類する草木を加工し、美しく仕上げられる【図82、83】。美的に重要な役割を果たしているのである。一方で袖垣は、そばの手水鉢を隠すだけでなく、家と庭を連結し、室内を覗かれないための実用的な機能ももっている。

　このように日本の庭園には、美的な意味合いと機能が分かち難く結びついている例が数多くみられるのである。

　茶庭を囲む仕切垣\*71も、庭の美観を高めるにあたっては袖垣と同様にとても重要である。竹で編まれた質素なつくりであることが多く、配置の規則性もとくにない不整形なさまが、庭の至るところから目にできる。しかし実際には、決して安易につくられているのではなく、熟慮を重ねながら造形されるのである。日本の芸術の基本原理となっていった茶道の精神、つまり不完全なもののなかに美を見出すという考え方が、ここにも反映されている。

　簡素なつくりという点では、内側の門も同様だ。露地口\*72に至っては、通常は架けられる屋根さえも省略することがある。こうした門には簡単な木戸がつくが、竹や同類の材料が使われ、はね上げ戸とすることも多い【図84】。

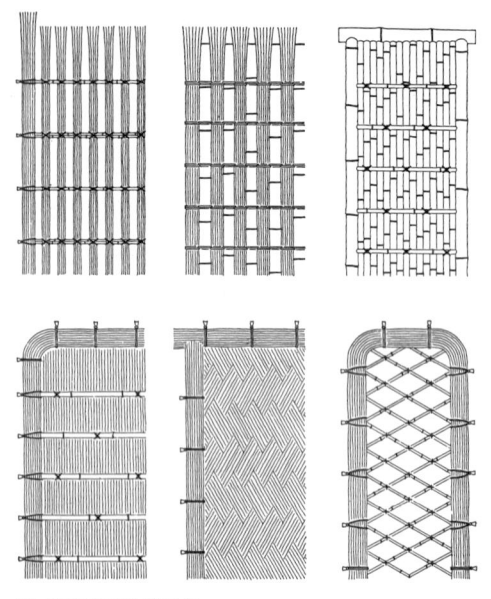

82 「袖垣」のさまざまな例

---

\*70　袖垣：kurzer Zaun＝短い垣
\*71　仕切垣：innerer Zaun＝内側の垣
\*72　露地口：Gartentor＝庭の門
\*73　囲い垣：äußerer Zaun＝外側の垣
\*74　屋根を載せた門（「腕木門」「木戸門」などという）：Torhaus＝門の建物

## 4. 庭園を構成する要素

　敷地の外からの眺望という点では、囲い垣*73と庭に通じる門しか見えないことがほとんどである。これは住宅の場合にも共通している。庭のほぼ中央に置かれた建物が庭木で覆い隠され、囲い垣越しに見えるのは庭木の緑だけとなる。静寂さと、一様に広がる緑が印象的な光景だ。ヨーロッパの庭園の壮麗さとは対極的な姿でもある。

　都心部の囲い垣は、単純な板塀やコンクリート塀が近年の主流で、板塀の上に屋根を架けた伝統的なスタイルは少なくなった。郊外では、きれいに刈り込まれた常緑の灌木による生垣や、芝で覆われた土塀の上に灌木を植え込んだ生垣もみられる。

　また、竹垣はさまざまな種類があり、古くから好まれてきたが、今日でもよく用いられている。古典的な形式の庭園を別にすると、東京や大阪などの大都市の郊外に竹垣の典型が残されており、街に対して柔和な表情で構えることができる。

　囲い垣は視線を通さないように密実に組まれるが、これは日本の住宅が自然に対して開放的なつくりであることに起因している。あたかも建物の外壁のように用いられるのである。

　そして塀につく門は、大きくふたつに分類できる。開き戸を門柱のあいだに組み込んだものと、開き戸や引き戸の上に屋根を載せた門*74である。門柱として石柱を使うこともあるが、古くからの形式では太い木を使用し、柱頭を銅板で覆う。

83　田中教授邸庭園の袖垣

84　西川邸庭園の中門と仕切垣（京都）

85　鎌倉の竹穂垣

今日では自然木の幹をそのまま門柱とし、重々しい門の雰囲気を和らげる工夫もみられる。屋根を載せた門は、郊外などの住宅において、柔和な表情をつくりだすのに一層の効果を発揮する。

さらに囲い垣を庭の内側から見ると、庭園の形式に応じてつくりが異なることがわかる。

池泉や築山をもつ自然風景式庭園は、庭園そのものの規模が大きいため、囲い垣は築山や庭木によって見えなくなってしまう。その結果、庭園の境界があいまいになり、無限に広がっているように感じられるのである。

それに対して平庭では、囲い垣は庭園の背景をなす重要な造形要素であり、竹などを使って築かれることもある。

熱海の海に面したある平庭を訪れたことがあったが[*75]、そこは地面全体が芝で覆われ、1本の古い梅の木と数個の石が置かれているだけだった。外側の塀はコンクリートを主体構造として漆喰で白く塗装され、灰色の瓦が笠に載せられていた。この塀の効果により、遠くの島があたかもこの庭のなかに導き入れられているように見えたのである。

86 屋根のある板塀と門

87 笠瓦を載せた塀。ある住宅の屋上庭園（熱海）【図81参照】

---

*75 熱海の急斜面に建てられた日向利兵衛の別邸。母屋の前庭を平庭の屋上庭園とし、その地下部分にブルーノ・タウトの設計による離れがつくられた（1936）。実施設計にあたっては吉田鉄郎と逓信省の若手スタッフが協力している。

4. 庭園を構成する要素

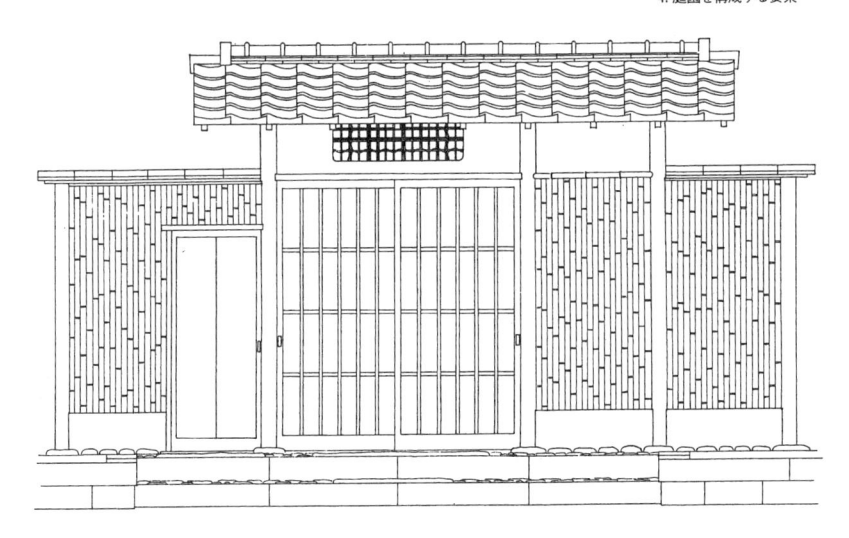

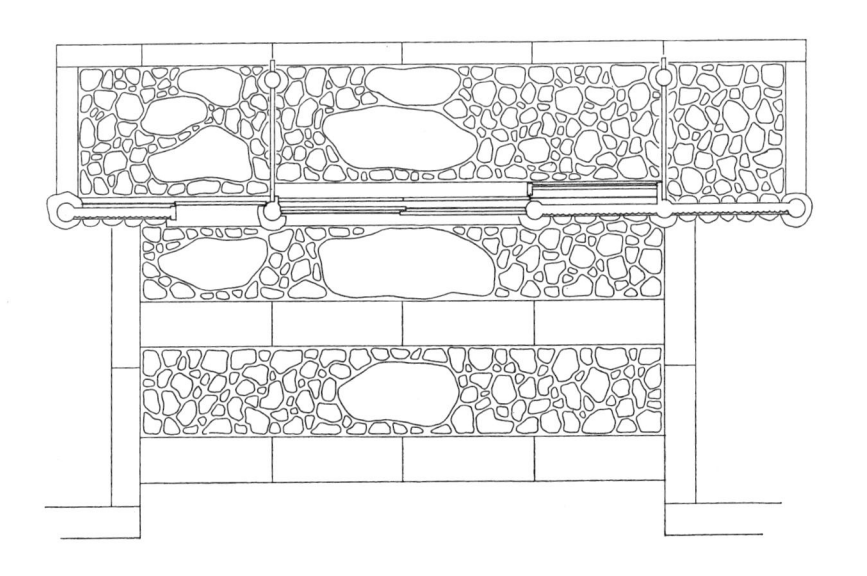

88　ある郊外住宅の門

▶前掲59ページと同じ馬場熱海別邸

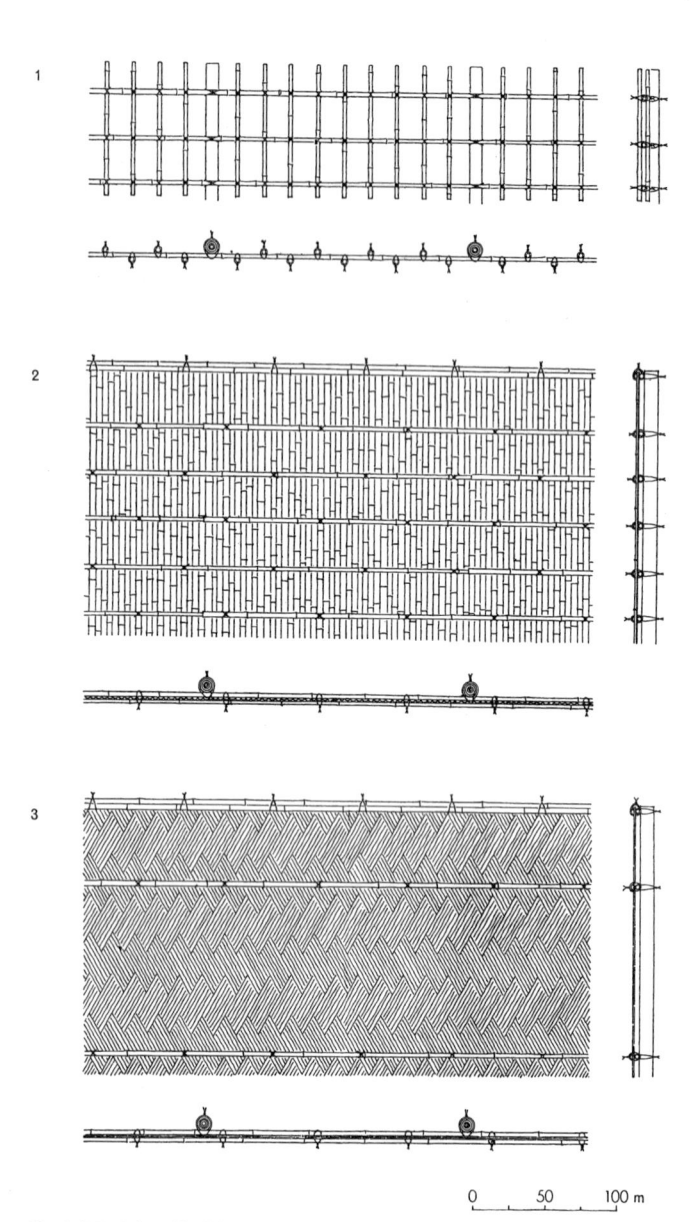

89 よく用いられる3種の竹垣

1. 竹の格子垣  2. 割竹を隙間なく並べた実用的な竹垣  3. 竹の編み細工などを利用して造作される竹垣

## 図　版

図90〜105：第2章
図106〜113：第3章
図114〜127：第4章A
図128〜151：第4章B
図152〜171：第4章C
図172〜191：第4章D
図192〜199：第4章E
図200〜207：第4章F

90 わずかな石組と白砂だけを用いて象徴性に富んだ竜安寺の石庭(京都)

91 石組を芸術的に配した竜安寺の石庭

92 敷石が斜行する桂離宮中庭

93 雁行形の建物配置と芝生。かつてはここで蹴鞠に興じた。桂離宮庭園

94 池を挟んで望む桂離宮

95　桂離宮庭園の竹縁と池

96 桂離宮庭園の中島

▶中島：kleine Insel＝小さな島

97 池と石灯籠、石橋、池岸を巡る飛石。桂離宮庭園

98 桂離宮庭園の主茶亭〈松琴亭〉

99 巧みに配置された石組によって躍動感のあふれる庭園の構成。隣接する建物は〈松琴亭〉

100　修学院離宮〈上御茶屋〉の自然風景式庭園の池。遠方の山々が借景となっている

101 修学院離宮〈上御茶屋〉から振り返る。丘の上に四阿が見える

102　修学院離宮〈下御茶屋〉

▶下御茶屋：der untere Garten＝下段の庭

103　修学院離宮〈下御茶屋〉入口

104 〈無鄰庵〉庭園。当初は山県有朋侯爵の別荘庭園として築造された(京都)

105　庭園の造形の重要な要素である「流れ」。京都〈無鄰庵〉

106　平坦な自然石による敷石。京都の茶匠・裏千家の前庭

107　切石をすき間なく敷きつめた道。京都の茶匠・表千家の前庭

108　まるで絵画のように敷石が置かれている前庭。京都の料亭。建物の入口はこの道を直角に折れた先にある

109　京都の和風旅館。門の手前に平たい自然石を敷いた前庭

110　変化に富む構成の飛石。ある僧坊の庭園(京都)

▶僧坊：Priesterwohnung＝司祭の住宅

111 美しく構成された大徳寺〈孤篷庵〉前庭の敷石。庭を保護する囲いとして、簡素ながらも洗練された方法で竹が使用されている(京都)

112　静謐な佇まいの苑路。ある寺の前庭(京都)

113 ある僧坊の前庭(京都)。門から建物の玄関まではここでも一直線にはつなげられていない

114 自然を模したかのような岸辺の風景。京都・仙洞御所庭園

115 〈無鄰庵〉の流れ

116 〈無鄰庵〉の三段に落ちる滝

117　仙洞御所庭園の滝

118 西本願寺庭園の石橋。白砂は流れる水を象徴している

119 桂離宮庭園の反橋。橋詰に自然石が立てられている

▶こうした自然石を「橋添石」「橋挟石」「袂石」などという。

120 桂離宮庭園の平橋

121 枝分かれする飛石を模した橋。金沢・兼六園

122 三宝院庭園の土橋（京都）

123 連続するふたつの土橋と水面に映るその姿。桂離宮庭園

124　京都御所庭園のジグザグ型の木橋

125　前頁と同じ木橋。独特な庭園の造形の例

126　三宝院の茶庭の木橋。【図124、125】と類似した造形（京都）

127　東京大学の日本庭園に見られるジグザグ型の木橋

128　一直線につづく飛石。これを実際につくるのは非常に難しい。桂離宮庭園

129　沓脱石につながらずに断ち切れる飛石の独特な配置。桂離宮庭園

130 古書院の周囲をめぐる飛石。桂離宮庭園

131 竹縁の周囲をめぐる飛石。桂離宮庭園

132 変化に富んだ配置の飛石。京都・興雲寺庭園

133 前頁と同様に変化をもたせた飛石の配置。京都〈無鄰庵〉庭園

134　斜面上の飛石。桂離宮庭園の前庭

135 古書院前の船着場につづく土手面の飛石。桂離宮庭園

▶古書院：der alte Palastbau＝宮殿の古い建物

136　土間庇が張り出した濡縁前の飛石。桂離宮庭園の〈松琴亭〉。飛石は濡縁につづくだけでなく池岸まで通じる

137 〈笑意軒〉のたたき床に配された飛石。桂離宮庭園

138 上部に庇が張り出した土間部分の飛石。京都〈妙喜庵〉の茶室

139 荒削りに表面を仕上げた飛石と玉砂利。京都・裏千家の庭園

140 桂離宮庭園の沓脱石

141 水中に置かれた沓脱石。横浜・三渓園の四阿

142 池のなかにバランスよく配された沢飛石。東京大学の日本庭園

143　池のなかの沢飛石。京都・興雲寺庭園

144 ひき臼に用いた石を飛石として池の中に配した例。奈良・依水園

145 橋脚の台石を飛石に用いた例。京都・平安神宮庭園

146 池岸の敷石。京都・桂離宮庭園

147　水辺の敷石。京都・西川邸庭園

148 桂離宮の副茶亭〈笑意軒〉前の敷石

149 西本願寺庭園の野面石による小道（京都）

▶野面石：Feldstein＝石ころ、漂石

150 裏千家茶庭の飛石と敷石（京都）

151　裏千家茶庭の野面石による小道（京都）

152 利休好みとしてよく用いられる手水鉢。裏千家茶庭(京都)

▶利休好み：in seiner Anlage auf den Teemeister Rikyūzurückgehendes＝そのつくりを茶匠の利休に帰すことができる

153 自然石を用いた手水鉢。原氏の茶庭(横浜・三渓園)

154 四面に仏像が彫りこまれた角形の手水鉢。東京国立博物館の茶庭

155　せせらぎに置かれた円筒形の手水鉢。三宝院茶庭（京都）

156 背の低い手水鉢。原氏の茶庭（横浜・三渓園）

157 古銭をかたどった手水鉢。〈孤篷庵〉の山雲床の露地

▶山雲床(さんうんじょう)露地：Hintergrund der Teegarten＝茶庭の背後

158 〈孤篷庵〉の縁先手水鉢。縁側の障子窓が茶室の空間を仕切っている

▶縁先手水鉢：hohes Steinwasserbecken vor der Veranda＝縁側前の背の高い手水鉢

159 〈孤篷庵〉主庭の縁先手水鉢。通常用いる石灯籠の代わりに、金属製の釣灯籠が軒先から吊るされている

160 田中教授邸の濡縁前の縁先手水鉢

161 縁先手水鉢。金沢・兼六園の料亭

162　角形の縁先手水鉢。京都のある小寺

163 四面に装飾を施した角形の縁先手水鉢。京都・銀閣寺

164 自然石を利用した縁先手水鉢。京都・常住院庭園

165 自然石を利用した縁先手水鉢。京都・仙洞御所庭園

166 桂離宮庭園の置灯籠

▶置灯籠：sockellose Steinlaterne＝台座のない石灯籠

167　桂離宮庭園の石灯籠

168 独特の形の石灯籠。修学院離宮庭園

169 修学院離宮庭園の石灯籠

170 三脚の石灯籠。桂離宮庭園

171 二脚の石灯籠。金沢・兼六園

172　桂離宮庭園の小茶亭〈月波楼〉

173 〈月波楼〉の竹縁。池の向こう側に主茶亭〈松琴亭〉が見える

174 小茶亭〈月波楼〉の土間

▸土間：Eingangsraum＝玄関

175 〈月波楼〉の中の間

▶中の間:Halle=広間

176 主茶亭〈松琴亭〉の正面。桂離宮庭園

177　主茶亭〈松琴亭〉の室内から庭を望む。左側に見えるのは水屋

▶水屋：die offene Teeküche＝吹き放しの台所

178 〈松琴亭〉の側面

179 〈松琴亭〉の茶室外観

180 〈松琴亭〉の茶室

181 〈松琴亭〉の床の間と棚

182 桂離宮庭園の副茶亭〈笑意軒〉

183 〈笑意軒〉のロの間と飛石

▶ ロの間：Eingangsraum＝玄関

184 〈笑意軒〉ロの間

185 〈笑意軒〉中の間

▶中の間：Hauptraum＝主室

186 砂雪隠のある屋根付きの外腰掛と飛石

187 砂雪隠のある外腰掛。桂離宮庭園

188 〈卍字亭〉の腰掛。桂離宮庭園の四阿

189 〈卍字亭〉内観

190 〈賞花亭〉

191 〈賞花亭〉内観。畳床と暖簾

▶窓掛け：Vorhang＝カーテン

192　ある寺院の中庭の松の木（京都）

193　椿山荘庭園の松の木。椿山荘は東京の料亭(旧別荘)

194 六義園の松林（東京）

195 六義園池岸の松の木(東京)

196　岩黄耆の庭。安田靫彦(ゆきひこ)画伯の邸宅(大磯)

197 竹林。京都・西川邸

198 桂離宮の苔庭

199 桂離宮の芝生庭

200 京都・武者小路千家の庭園の袖垣

201 茶室の躙口脇の袖垣。京都・武者小路千家の茶庭

202 京都・仙洞御所の仕切垣と中門

▶中門：Tür＝戸、ドア

203 石垣の上に設けられた丈の短い竹垣。京都・銀閣寺

204 竹を格子状に組んだ四つ目垣とツツジ

▶四つ目垣：Gitterartiger Bambuszaun＝格子状の竹垣

205 洗練された竹穂垣。桂離宮

206 竹を用いた門と囲い垣。修学院離宮

207 白い漆喰壁と門。京都の小川脇

## 参考文献

**洋書**

Conder, J., Landscape Gardening in Japan, Tōkyō 1893
Conder, J., Supplement to Landscape Gardening in Japan, Tōkyō 1912
Harada, J., Garden of Japan, London 1928
Newsom, S., Japanese Garden Construction, Tōkyō 1939
Newsom, S., A thousand years of Japanese Gardens, Tōkyō 1953
Tamura, T., Art of the Landscape Garden in Japan, Tōkyō 1935
Tatsui, M., Japanese Garden (Tourist Library), Tōkyō 1934
Yoshida, T., Japanische Architektur, Tübingen 1952
Yoshida, T., Das japanische Wohnhaus, Berlin 1935, Tübingen 1954

**和書**

上原敬二『日本式庭園の造り方』、東京、1939 年
大江新太郎『敷石・飛石・手水鉢』、東京、1929 年
岡崎文彬『日本庭園』、東京、1940 年
川勝政太郎『燈篭・手水鉢』、京都、1935 年
北尾春道『露地』、東京、1942 年
北川桃雄『石庭林泉』、東京、1952 年
重森三玲『日本庭園の観賞』、東京、1929 年
龍居松之助『日本庭園史話』、東京、1943 年
龍居松之助『日本の庭園』、東京、1965 年
西村 貞『民家の庭』、東京、1953 年
丹羽鼎三『桂離宮の庭燈籠』、東京、1952 年
丹羽鼎三『桂離宮の飛石』、東京、1955 年
藤島亥治郎『桂離宮』、東京、1945 年
堀口捨己『桂離宮』、東京、1954 年
室生犀星『日本の庭』、東京、1943 年
森 蘊『日本の庭園』、東京、1950 年
横井時冬『日本庭園発達史』、大阪、1940 年

## 再録:『日本の庭園』ができるまで

本書が翻訳されたのは今回がはじめてではない。吉田鉄郎研究の一環として研究者たちが何度となく訳しているほか、旧郵政省建築部の機関誌『郵政建築』第377号には前半の第2章までの訳文が掲載されている(郵政建築協会発行、1994年8月)。

訳者は『日本の建築』の日本語版を手掛けた薬師寺厚(ひろし)氏である。原書の筆記を担当した森俶朗(よしろう)氏とともに、標記のタイトルで寄せた前文を再掲する。

# 訳者の言葉

薬師寺 厚

　『日本の庭園』は、吉田鉄郎さんの『日本の住宅』、『日本の建築』につづくドイツ語で書かれた第三の著書で、病が悪化し自ら筆をとることが出来なくなった吉田さんが、驚くべき精神力を奮ってドイツ語で口述されたのを森俶朗さんが筆記されたもので、原稿完成後、間もなく死去され、完成された本を御覧になることが出来なかった絶筆である。他の書と同様に建築設計者の観点から建築と庭園の関連に重点を置いて、日本庭園について述べられた書で、一般的な庭園書ではないがよく纏められていて、建築家にとって参考になる好著であると思う。

　本来なら森さんが翻訳するのが最適であると思われるが、かつて『日本の建築』を訳したこと、卒論に日本庭園について書き、以後も関心を持っていること、何よりリタイヤして暇なことから、森さんの了承を得て、私が当たることになったのである。

　翻訳に当たってはドイツ語版を主に、同時に出版された英語版を参考にした。日本で慣用されている、例えば、石組、飛び石、建仁寺垣などは原文によらずに慣用語にした。また明らかに誤りと思われる2、3の点は修正した。

　本書が出版されてから40年近くたち、中流階級の住宅の状態は大きく変わってしまった。先ず敷地が矮小化し、庭にする空地がほとんどなくなり、家屋は冷暖房の普及によって以前より開放的でなくなった。自動車は前庭を占領し、家を隠す大きな樹木を植える余地もない、以前の奥床しい雰囲気が失われたのは残念であるが止む得ないことである。

　本書に述べられているように、日本の庭園文化が将来、伝統と、よく練られた型を堅く保持しつつ、同時に偉大で独特な価値を犠牲にすることなしに、近代の条件から生まれる要求を満たす道を見出すことが強く望まれるのであるが、幸い最近の住宅団地には、その芽がほのかに育ちつつあるような感じが窺われるようである。

# 吉田さんと『日本の庭園』

## 森 俶朗

　昭和30年初夏の頃、一年半ぶりで吉田さんの御宅へうかがった。以前仕事用の机椅子があったところに、蚊帳を釣って床に就いておられた。ご挨拶しても声が小さく、口がもつれてよく聞き取れない。手招きされ蚊帳の中に入ってみて、あまりの衰え方にびっくりした。枕許に耳を寄せてやっとわかったのは、「私はこんな病気になって世の中に何の役にもたたないようになってしまった。せめて考えている本を出版して、建築界に少しでも貢献したい。その手伝いをして欲しい」とのことである。口は不自由、手も片方しか動かせない寝たきりの状態なのに、よくもこんなに意欲を持ち続けることが出来るものだと、深く感動させられた。

　口述の内容はすっかり吉田さんの頭の中に整理されていて、途中で言い直すようなことは余りない。仰臥の姿勢のまま、ぽつりぽつりと話して行く。始めの頃は、まだ目もよく見え、掲載する多数の写真（別の担当者がアングルや時間まで指示されて撮影し、早い時期にまとまっていた）や原稿を手にとって目を通していたが、翌春になると急速に体調をくずした。そんな時になってもまだ原稿の口述が続く。というのは、一度原稿が出来ても、見直すうちに気に入らなくなり、第一章から改めて、メモもなしにすべて頭の中で組み立てた文章を、口述し直すのである。全文の書き直しは三度に及んだ。

　原稿が完了すると本の構成にかかる。ページ毎に文章と図面や写真をどう配置するかは勿論、写真の入れ替えからトリミングに至るまで細かく指示した。それによって各ページに字数を当てはめ、図版を割りつけ、本の体裁に綴じたものに、最後の承認をいただいたのは31年夏であった。

　出版社へ資料発送が終わるのを待っていたかのようにして吉田さんは亡くなった。最後の生命力を絞り尽くして世に送ったこの本は、建築に関わる人々への決別の辞だったように思われる。

# 訳者後記
## 近代建築家による日本庭園研究の系譜

　本書は、吉田鉄郎が手掛けたドイツ語三部作の最後を飾る著作『日本の庭園』(Tetsuro Yoshida: DER JAPANISCHE GARTEN, Ernst Wasmuth G.m.b.H. Tübingen, 1957.)の全訳である。『日本の住宅』(DAS JAPANISCHE WOHNHAUS／原書初版1935年、第2版1954年)、『日本の建築』(JAPANISCHE ARCHITEKTUR／1952年)とつづけられた日本の伝統的建築への眼差しは、決して趣味的、回顧的なものではなく、吉田にとって新しい時代の新しい建築を模索するための重要な作業でもあった。吉田は、日本の伝統的建築がもつ優れた特質を把握し、それを新しい建築に活かす道を模索していた。その成果を、海外に向けて発信することを目的としてまとめられたのがドイツ語による三部作であった。

　歴史的意義という点からすれば、『日本の住宅』が最も重要な作品であることはいうまでもない。そのなかで、日本の住宅の特質のひとつとして吉田が注目したのが、「庭との関わり」であった。つづく『日本の建築』においても「自然との関わり」の深さが指摘されるなど、日本の建築や住宅が自然や庭とは切っても切れない関係を有していることを強く主張していた。しかし吉田は、この2冊以外に庭園に関する論考を、独立した本としてまとめたいという強い思いを抱いており、そのために最期の力を振り絞って執筆にあたったのである。

　この本の特徴はつぎのように集約できる。それは、近代建築家によって書かれた庭園書であること、日本庭園の大きな流れと概略を把握したうえで、庭園の構成要素について、とくに意匠的な側面から考察をくわえていること、そして独自の美意識によって選択された写真や図版を多用することによって視覚的な効果を狙っていること、の3点である。

　日本の建築家のなかには、明治期より庭園に深い関心を抱き、庭園の領域にまで研究対象を広げて庭園書を執筆する人々も存在していた。日本という気候風土におけ

る建築の有り様を模索する者にとって、環境や風景との関わりが大きな意味をもってくるからであり、建築家としての設計姿勢とも深く関わってくる問題だからであろう。

建築家が庭園書を書くことには、一体どのような意味、あるいは意義があるのか。訳者後記として「近代建築家による日本庭園研究の系譜」というテーマを掲げたのは、その経緯を辿ってみたいと考えたからである。

明治の大邸宅ブームと日本庭園

明治維新を迎え、江戸（東京）にあった日本庭園の大半（その多くは大名庭園）は所有者を失い、手を入れられることもなく壊滅状態にあった。それでもなお、広大な庭園をもてあました明治新政府によって、1869（明治2）年には武家屋敷地を桑や茶畑に変えることを奨励する「桑茶令」が出されたほどである。

こうした東京の町に徐々に活気が採り戻されてくるのは明治も半ばを迎えてのころである。1888（明治21年）、明治憲法の発布によって新しい時代の体制づくりにひとつの区切りがつけられ、華族令によって新たに生まれた特権階級の人々を中心に新しい都市文化が形成されつつあった。皇族に対しては3千坪を基準として土地が与えられ、邸宅建設が奨励されたが、それらにはかつての大名や武家たちの邸宅地があてられた。また、新興ブルジョワジーたちの邸宅も東京の各所において建設が進められたのである。

明治期の大邸宅は、和館と洋館を並べた「和洋並列型」といわれる形式が基本となっていた。その結果、敷地内では洋館と和館とが、あるいは洋風庭園と日本庭園とが、それぞれの存在を主張して譲らず不協和音を生み出していた。和洋館の並列に対してどのように庭園を対応させるかが、大邸宅での課題となっていたのである。

明治初年の洋風化推進の時代にあっては、洋館は文明開化のシンボルとしてもてはやされた。洋館は高貴な方々を迎えるうえでの「御成御殿」としての意味を担っていた時期もある。しかし、日清・日露の戦役を経て、徐々に世界の一等国としての自覚が生まれると、自国の伝統を重んじる風潮が、とくに上流階級の人々のあいだで広

まっていった。

　洋風化の先陣にあった皇族邸宅においても顕著な変化が現れるようになる。たとえば1910（明治43）年に建て替えられた〈梨本宮邸〉では、当初の洋館主体の住まい方が、和館主導へと変化している。具体的には、以前は門を入ると壮麗な洋館が眼に入ったが、建て替えられた時点では、豪壮な唐破風を乗せた車寄せが眼に飛び込んでくる景色へと変貌を遂げたのである。しかも、和館は家族の日常生活の場としてだけではなく、書院造を中心とした接客空間としての性格も担うようになっていた。

　そうした邸宅構えにおいては、日本庭園は重要な役割を果たしていた。その多くは池泉回遊式と呼ばれる形式の庭園であるが、たんなる観賞用の庭ではなく、さまざまな催し物を展開する実用性を加味したイベント空間としての性格を担っていた。それはかつての江戸の「大名庭園」が担っていた庭園の機能を継承したものである。

　明治後半期の東京に数多く建てられた新興ブルジョワジーたちの大邸宅には、必ず大名庭園に類する機能をもった日本庭園が設けられていた。1910年に刊行された『名園五十種』（近藤正一著、博文館）は、当時を代表する大邸宅の日本庭園を紹介したものである。そのなかの一例として、日本資本主義の父と評された渋沢栄一が王子の飛鳥山に構えた〈愛依村荘〉がある。最終的に渋沢の本邸となった邸宅であり、広大な敷地のなかに日本館と洋館が建ち並び、洋風庭園、日本庭園、そして茶室と茶庭とを備えたものであった。日本館の設計は柏木貨一郎、洋館は清水組（現・清水建設）、日本庭園の設計には作庭家の佐々木可村、茶庭は益田克徳が手掛けたものである。壮大な敷地内においては、茶を中心とする接客だけでなく、さまざまな洋風儀礼や園遊会などが行われた。それを支えた庭園や邸宅の建設には、旧幕時代からの工匠や新時代の技術者、それに茶道関係者や近代数寄者などがくわわり、明治期の大邸宅ならではの壮大なシンフォニーを奏でていたのである。

　そうした新興ブルジョワジーを代表する岩崎家との関係をきっかけに、数々の洋風邸宅の建設に関ったのがイギリス人建築家ジョサイア・コンドルであったが、彼によって近代建築家と日本の庭園の関わりの第一歩が踏み出されることになる。

## 先駆者としてのJ.コンドル

　工部省の招聘により1877(明治10)年に来日したジョサイア・コンドル(1852〜1920年)は、明治政府の求める記念碑的建造物の設計活動に従事しながら、工部省管轄の工学教育機関である工部大学校(東京大学工学部の前身)の建築学教師として日本人建築家の育成に努めた。1884(明治17)年、辰野金吾に教授の席を譲ってからは、政府との関係が薄れる一方で三菱岩崎家とのつながりが深くなり、東京丸の内の三菱煉瓦街の建設に携わりながら岩崎家の邸宅群の設計にも従事している。

　コンドルがはじめて関わった岩崎家の邸宅は〈深川別邸〉である。江戸期には久世・戸田・松平の下屋敷のあった約4万坪の敷地を、1878(明治11)年に三菱財閥の創業者・岩崎彌太郎が取得して庭園の造成を開始、2年後には一応完成して〈深川親睦園〉と名づけられ、外国人賓客の接待と三菱社員の親睦の場所として使われていた。彌太郎の没後、その弟で2代目当主の彌之助のもとで1886(明治19)年から庭園の修築および日本館、洋館の建設が着手された。洋館はコンドル、日本館は柏木貨一郎の設計で1893(明治26)年に完成している。大規模な池泉回遊式庭園は、京都の武者小路一門の茶匠で造園家としても知られる磯谷宗庸の設計である。ここでは日本館と洋館とは距離をおいて建てられたとはいえ、広大な日本庭園のなかに洋館をつくる仕事は、コンドルにとってはじめての経験であった。

　こうした仕事をとおして、もともと日本の伝統文化に強い憧れを抱いていたコンドルは、日本庭園にも深い関心を寄せるようになる。そして、多くの日本の庭園書を参考にして、近代の建築家が書いたものとしては初の、しかも英文で書かれた本格的な日本庭園に関する著作『Landscape Gardening in Japan(日本の風景造園術)』(1893年)を刊行している。外国人を対象に、日本庭園の沿革から構成法に至るまでを、小川一真の撮影による写真を数多く用いて視覚的にわかりやすくまとめた日本庭園の入門書である。美しい図版を掲載した豪華本は、東京銀座で印刷、ケリー＆ウォルシュ社から出版され、横浜、上海、香港、シンガポールをはじめ、本国イギリスにおいても販売されたといわれている【1】。

1. ジョサイア・コンドル『Landscape Gardening in Japan(日本の風景造園術)』(ケリー＆ウォルシュ社、1893年／写真は講談社インターナショナルによる復刻版)

この本の海外における評判は高く、ロングセラーとして刊行がつづけられ、外国人にとっての日本庭園の基礎文献となっている。諸外国への影響に関しては、児玉実英氏による「コンドルの『日本庭園』とアメリカへの影響」（カタログ『鹿鳴館の建築家ジョサイア・コンドル展』所収）などでも触れられているように、この本を参考にした日本庭園がイギリスとアメリカでつくられている。第二大戦後にはアメリカで復刻され、今日も講談社インターナショナルなどから復刻版が刊行されている。一方、外国人を対象とした本であったため、日本国内での反響や影響がどの程度のものであったかは不明である。

　しかしコンドルは、こうした成果をもとに庭園に関する講義を行っていたのである。日本の造園学の基礎を築いた造園学者・上原敬二によると、1902（明治35）年ごろの東大でコンドルが日本およびヨーロッパの庭園について講じていたという。上原は、その講義をとおしてコンドルの著作の存在を知り、さっそく「貪るように読んだ」と語っている（上原敬二『造園総論』造園大系第一巻、加島書店、1974年）。その講義名は不明だが、1902年ごろというとコンドルはすでに教授の地位からは外れていたし、当時の東大には庭園の講座そのものが存在していない。しかし、何らかの講座の一部として庭園を論じた可能性はある。それは、建築家によってなされたわが国初の庭園学の講義であったはずである。また、これをきっかけにして上原敬二という日本を代表する造園学者が誕生したことになる。

　ちなみに東京帝国大学建築学科のカリキュラムのなかに選択科目として庭園学の名前が登場するのは1921（大正10）年ごろからである。このときの庭園学の講義は建築家の大江新太郎が担当、1934（昭和9）年ごろからは造園学者の田村剛が受け継いでいる。

　コンドルの実作を通じてその庭園観をみてみたい。晩年の名作とされる〈三井綱町別邸〉（1913年）と〈古河邸〉（1917年）のふたつでは、日本式庭園と洋風庭園との並存が試みられている。〈三井綱町別邸〉の日本庭園はもとの大名庭園を継承したものであるが、敷地の高低さを巧みに活かすことで和洋の庭園を違和感なく並存させ、かつ洋風庭園の噴水の水が日本庭園のなかの滝となって流れる、といった趣向が試み

られている。もうひとつの〈古河邸〉の庭園も同様に敷地の高低差を活かし、洋館の手前には左右対称の整形式庭園を配しながらも、徐々に植栽の種類を変えることで和風庭園への序曲を演出している。敷地の最下部には日本庭園が広がっているが、その深山幽谷の世界から洋館の存在をうかがいしることはできない。こうした事例から、コンドルはそれぞれの庭園の自立性を尊重し、両者の無理な結合や融合を避ける姿勢をとっていたことがわかる。

　コンドルは建築作品においても、来日当初は和洋折衷の試みも行っていたが、最終的には、それぞれの文化がはぐくんだ建築形式を混合・折衷させることはなくなっていった。同様の姿勢が庭園においてもうかがうことができる。

日本人建築家による庭園研究のはじまり

　J.コンドルについで、日本人建築家として最初期に庭園学を講じたのは古宇田実（1879〜1965年）である。古宇田は、昭和戦前期における建築家の座右の書であるフレッチャーの『建築史』（岩波書店、1919年）の翻訳者として知られる。1902（明治35）年に東京帝国大学工科大学建築学科を卒業後、大学院に進んで庭園・建築の研究を手掛けている。1905年には東京美術学校（現・東京芸術大学）教授となり、その後は神戸に移って1929（昭和4）年から神戸高等工業学校（現・神戸大学）おいて校長を務め、多くの後進の指導にあたった。

　古宇田こそが「日本人建築家としてはじめて庭園研究に着手した人物」と指摘しているのは森井健介である。その著作『師と友――建築をめぐる人々』（鹿島出版会、1967年）によれば、古宇田が庭園に関心をもったきっかけは辰野金吾の示唆によるものであった。日本の建築界の基礎固めを行っていた辰野は、コンドルの師にあたる英国人建築家ウィリアム・バージェスとの会話のなかで、日本建築史の体系化の必要性を感じて、伊東忠太にその旨を示唆したことはよく知られている。同様に、佐野利器に対して構造力学方面の研究を示唆し、庭園学に関しては古宇田にその役割を委ねたことになる。東京美術学校において古宇田が担当した庭園学は、のちに吉田

五十八がその講義を担当した。

　そして建築界と造園界とのパイプ役を果たした点も、古宇田の業績として挙げられる。日本庭園協会が設立されたのは、建築学会より遅れて1919（大正8）年のことだが、当初より建築との関係を強く意識していた。建築界からは古宇田実、大江新太郎が理事に迎えられ、賛助会員として伊東忠太、佐野利器、塚本靖がくわわり、会員のなかには佐藤功一や今和次郎の名前も見出せる。古宇田は協会との関わりを積極的に深め、その機関誌『庭園』にも論考を寄稿している。

　このように設立当初の日本庭園協会と建築家の関わりは密接であり、建築界と造園界の蜜月ともいえる関係が生まれていた。とくに大正期を迎え、建築界では「都市と住宅」が新しいテーマとして浮上し、生活改善運動の一環として、住宅庭園にも関心が高まっていたからである。生活改善同盟会による6つの綱領のなかに庭園の項目が含まれていることが、そうした関心の高さを物語っている。しかし、造園界と建築界の蜜月は長くはつづかなかった。昭和期に入り、敷地の狭小さなどにより住宅庭園の可能性に限界がみえてくると、造園界のテーマは「庭園」ではなく、「公園」へと移行してしまうのである。両者のパイプ役を担っていた古宇田が東京から神戸に居を移したことなども、その影響のひとつかもしれない。

　古宇田にとっての庭園論は、大学院時代の1905（明治38）年に『建築雑誌』へ寄稿した「庭覗き（一）」が最初のもので、京都の名庭案内記である。その後は『日本園芸会雑誌』、『住宅』、『建築と社会』、『建築雑誌』などに庭園関連の記事を数多く寄せているが、古宇田の庭園論を代表する著作は1933（昭和8）年に「建築学会パンフレット」として出された『建築と関係深き庭園』であろう。古宇田にとって、庭園に関する最後の著作であり、庭園研究の集大成ともいえるものである【2】。

　そのタイトルのとおりに建築と庭園との関係深い点をとくに力説した内容となっており、古今東西の名建築、名庭園を事例として紹介するかたちをとっている。西洋庭園と日本庭園の双方を取り上げているが、一冊の構成の配分としては西洋庭園の方に2倍近いページをあてている。「現在及び将来の建築が洋風を取り入れて様式に変化ありとすれば是に伴って庭園も変わるのが当然」との見解を示し、一方、日本庭

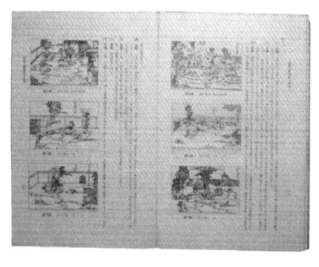

2. 古宇田実『建築と関係深き庭園』（「建築学会パンフレット」第3集第13号、1933年）

園に関しては「近時洋館建築の勃興につれて、調和上、西洋式のものが用いられるが、趣味深きものとして、やはり古来の造庭精神を離れぬものが喜ばれている」としている。建築家に対しては庭園への関心を促し、造園家に対しては建築への関心を促すことを主目的とした論考である。

## 大江新太郎の「作庭意匠」

　コンドルや古宇田によって先鞭のつけられた建築家の庭園論は、つぎの世代の代表である大江新太郎（1876〜1935年）によって大きな展開期を迎えることになった。大江の庭園論の特徴は、何よりも広義のランドスケープデザインとして庭園を位置づけている点にある。

　すでに述べたように大江は、1921（大正10）年ごろより東京帝国大学建築学科のカリキュラムに設けられた庭園論を担当しているが、長男である建築家の故・大江宏氏からの伝聞によれば、生前の堀口捨己に大江新太郎の庭園学講義録（ノート）の有無を何度となく打診されたという。堀口にとって、大江新太郎は庭園学の先達として気になる存在であった。

　大江新太郎は東京帝国大学建築学科を卒業後、内務省社寺局に勤務して日光東照宮の修理工事を担当、さらに明治神宮の造営にも深く関わるなかで、「自然と建築」の関係性の重要さを認識するようになり、ランドスケープデザインともいえる視点を自らの設計思想の中核に据えていくことになった。また、これら国家的造営計画に関与したことから造園界のさまざまな人々との出会いもあったにちがいない。たとえば、宮内省にいた造園家で明治神宮内苑を手掛けた小平義親とも親交があったと考えられる。小平は、当時の多くの宮苑工事に関与するなかで、それまでの日本庭園のつくり方を咀嚼し、そのうえで欧米の自然風景式庭園の特徴を加味することを試みた人物である。箱庭的な山や池、飛石や石組を廃し、穏やかなふくらみをもつ広い芝生の縁に、苑路の柔らかい曲線を加味した作風を生み出している。

　大江には、京都出身の造園家で近代造園の創始者のひとり7代目・小川治兵衛（植

治)との共同作品も多い。もともと庭好きで知られる元勲・山県有朋に才を見出され、ともに自然主義の庭園をめざしてきた植治は、『作庭記』以来の伝統を打破し、石を立てず、水を溜めない手法を採用、苔よりも芝を多用することで、開放的で近代的な感覚にあふれる庭園を生み出した。そうした植治からの影響を受けながら、大江はさらに大胆な庭園論を打ち立てている。その理論を集約した著作が『アルス建築大講座』に収録された「作庭意匠」(1924年)と題する論考である。建築家の書いた庭園論の多くが、庭園の鑑賞にウエイトをおいたものであるのに対し、大江の著作は、その名のとおり庭園の設計に主眼が置かれているところに最大の特徴がある【3】。

「作庭意匠」はふたつの章からなる。第1章では日本庭園の分類や用語解説、そして庭園設計に至る準備について触れ、大江独自の分類方法を提示している。大方の庭園書では、日本庭園は「築山」「平庭」「露地」の3種に分類されることが多い。大江はこれに対し、さらに「壷庭」と「崖庭」をくわえている。崖庭とは「急勾配の崖地に庭園的作意を工みたるもの」と定義されているが、平庭を中心にした箱庭的な日本庭園が多いなか、大江は急傾斜の崖地を利用した庭園を提案することによって壮大なスケールの庭園を目指した。歴史上の崖庭の好例として〈三仏寺投入堂〉を挙げているが、堀口捨己も同様の高い評価を与えており、両者に共通する庭園観の表れといえよう。また第1章では、敷地実測図の必要性と、敷地特性を活かした設計が大切であることが繰り返し力説されている。その結果として、図面には園内要所からの「眺望視界線」が記入されているのである。

第2章では、庭園デザインの方法が具体的に提示されている。その要点は「形」「色」「音」による演出、「場面転換の妙」の工夫、そして「四季の変化」を考慮した庭園の演出といった点である。いわば人間の五感に訴える環境芸術としての庭園が提唱されているのである。こうした大江の庭園観が最も見事なかたちで実現されたのが植治との共同による〈扇湖山荘〉(1934年)であろう。

大江新太郎の代表作でもある〈扇湖山荘〉は、「わかもと」の名で知られる製薬会社を起こした実業家、長尾欣也・よね夫妻の鎌倉別邸としてつくられたものである。敷地は、その名称からうかがえるように、切り通しを経て、海に向かって扇状に開けた

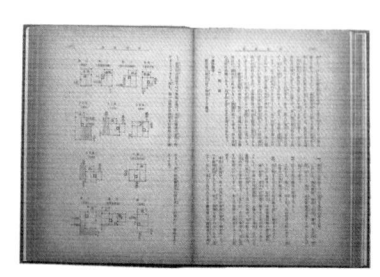

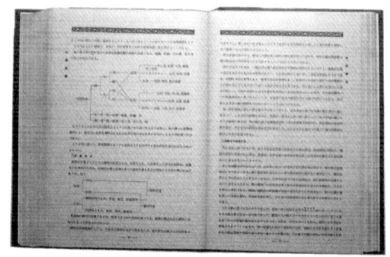

急斜面をもっている。大江の担当した住居部分は斜面地に対し、1階部分は洋風の諸室を配した鉄筋コンクリート造とし、その上に明治期に飛騨地方に建てられた民家を移築、内部を改造したものである。室内は、和風に長けた大江らしく、書院風、数寄屋風、民家風に、さらに洋風を加味した独特の室内空間を生み出している。植治による崖庭の典型ともいえる庭園には、いくつかの茶室も配され、敷地全体を回遊する道によってさまざまな「場面転換の妙」を演出したものとなっている。むろん、四季折々の変化による風情も豊かで、大江の提唱する「崖庭」の効果が見事に活かされた名作である。

　また、近年になって保存問題で話題を呼んだ東京六本木の〈国際文化会館〉の場所に、戦前期まで建っていた〈岩崎家鳥居坂別邸〉も大江と植治との共同作品であった。1927年に完成した大邸宅である。鉄筋コンクリート造と木造の混合形式を用いて独自の和風意匠が展開され、インテリアは中村順平が担当、漆工芸の松田権六、美術タイルの小森忍、ステンドグラスの小川三知なども参加、そして庭園は小川治兵衛と、昭和戦前期における建築および美術工芸の粋が集められた邸宅であった。

　ここの敷地形状もやはり小高い急斜面となっている。惜しくも東京大空襲によって焼失したものの、幸いに残された植治の庭園を活かすかたちでつくられたモダニズム建築が、前川國男、坂倉準三、吉村順三の共同設計による〈国際文化会館〉である。

昭和初期の数寄屋ブームと保岡勝也

　大江新太郎と同年代の建築家である保岡勝也（1877〜1942年）は、わが国最初期の住宅作家として知られる。東京帝国大学を卒業後、三菱丸の内建築事務所（現・三菱地所）に入社し、曾禰達蔵のあとを受けて三菱煉瓦街の建設を担当した。大正期に入ると、三菱を退社して住宅作家に転身し、数々の住宅啓蒙書を世に出したことでも知られる。当初は、『日本化したる洋風小住宅』や『欧米化したる日本小住宅』（ともに鈴木書店、1924年）などの著作によって住まいにおける洋風と和風の折衷方法などをおもに提案していたが、昭和期に入ると徐々に数寄屋建築に着目するようになり、

3. 大江新太郎の著作
左：「数寄と住宅」（『住宅建築』所収、世界建築社、1916年）
右：「作庭意匠」（アルス建築大講座、1924年）

数寄屋の手法を住宅建築の新しい意匠に反映させることを試みるようになった。
　と同時に、『茶室と茶庭』(鈴木書店、1927年)、『茶席と露地』(雄山閣、1927年)、『数寄屋建築』(洪洋社、1930年)といった数寄屋関係の書物を数多く出版している。また、庭園協会の機関誌にも論考を寄せ、日本の住宅と庭園との関係を考察するうえで茶室と茶庭が示唆的であることを繰り返し論じている。住宅近代化の手法のひとつとして、いち早く数寄屋に着目した建築家としては武田五一や藤井厚二たちが知られているが、保岡の数寄屋関係の著作は名席・名庭の紹介を主としたものがほとんどで、そこから日本庭園に関する独自の見解を見出すことは難しい。
　住宅作家としての保岡が行き着いたのは、日本の気候風土に対応し、日本人の感性に応える数寄屋建築の世界であった。1925(大正14)年に川越に建てられた〈山崎別邸〉は、現存する保岡の住宅作品のなかで最も良質なもののひとつであるが、洋風の造りをみせる玄関部(ホールと洋風応接室、2階の洋室)の後方に平屋建ての数寄屋建築がつながった形式で、とくに数寄屋部分に腕の冴えをみせる住宅である。洗面・トイレのインテリアにまで竹を用いた数寄屋風意匠が徹底されており、日本庭園の一角には〈如庵〉写しの茶室も設えられている。
　日本住宅の理想形として茶室と茶庭の関係を重視しようという見解は、昭和戦前期の建築界に一種の「数寄屋ブーム」を巻き起こすことになる。建築界の関心を敏感に反映した「建築学会パンフレット」では、1931(昭和6)年に大熊喜邦による「数寄屋建築」が組まれている。庭園協会における活動も含め、保岡勝也の活動はそうした動向の中心的役割を果たすものであり、多くの著作を通じての一般への啓蒙活動という点に意義を認められよう。
　昭和戦前期の数寄屋ブームは、当時の中流住宅の生活改善、住宅改良の風潮とも連動するものであった。数寄屋研究家・北尾春道による『数寄屋集成』(洪洋社、1935～37年)をはじめとする一連の著作もそうしたブームを支えるものであり、茶室と一体化した茶庭への関心となって広がっていった。
　なお、数寄屋再評価の先駆的な論考として、すでに述べた大江新太郎の「数寄と住宅」(『住宅建築』所収、世界建築社、1916年)がある【3】。数寄屋(茶室)にみられる機

能的な構成こそ近代住宅への応用が期待されるものとする論考で、細部意匠から寸法にまで考察が及んでいる。

吉田鉄郎の『日本の庭園』

　大江新太郎や保岡勝也といった世代の建築家たちについて、庭園への関心を高めていたのが吉田鉄郎（1894〜1956年）と堀口捨己（1895〜1984年）であり、彼らによって建築家による日本庭園研究は大きな発展期を迎えることとなった。この時期の建築家の庭園論に共通する性格として、「建物と庭園との深い関わり」への着目という点が挙げられる。

　吉田鉄郎が日本の伝統的建築に関心を寄せた契機は、郷里の大富豪である馬場氏の〈牛込本邸〉と〈那須別邸〉の設計を依頼されたことにはじまる。大学卒業以来、逓信省営繕課に勤務し、合理的で機能的な日本独自の近代建築を模索していた吉田にとって、これらの仕事は木造建築の実際に触れる希少な体験であった。ともに竣工は1928（昭和3）年である。木造技術の習得に際して、吉田が具体的にどのような方法をとったかは不明だが、後年、ドイツ語三部作の『日本の住宅』や『日本の建築』をまとめあげるほどに日本の伝統的建築に精通する契機となったことは間違いない。

　ドイツ語三部作の特質のひとつとして、吉田が最も注目したのは建築（住宅）と庭園との関係であった。この点については『住宅』と『建築』で繰り返し強調していたが、吉田としては「庭園」だけを独立して論ずることに最後までこだわりをみせ、遺作となったのが本書『日本の庭園』である。それはあくまでも外国人読者を対象に、わかりやすく日本庭園の魅力とその特性を知らしめることをめざしていた。あえて煩雑な記述となることを避け、最低限度の要点のみを記した叙述に徹し、写真を重視した視覚に訴える構成を求めたのである。

　ヴィジュアルな構成を企図したことは、1/3が文章と図版による解説部、2/3が写真集というページ配分からもわかる。なかでも、室内から庭園を眺めるかたちのアングルがかなり多いことが、吉田の庭園観を裏づけている。庭園はつねに建築と不可

分の関係にあり、建築の側から視覚的に庭園を捉えようとする姿勢が垣間見えるのである。一方、設計活動においては自ら進んで日本庭園を創作しようとする意図はほとんどみられず、あくまで建築家としての立場での庭園の理解を超えるものではなかったともいえる。「概説」「歴史的発展」「庭園の種類」「庭園を構成する要素」の4章からなる解説部は、説明が全般に概略的であり、日本庭園を鑑賞するうえでのポイントがわかりやすく解説されているものの、とくに踏み込んだ説明は行っていない。

また、ほとんどの庭園書の場合、全国各地の名庭園を偏りなく紹介し、時代的・地域的にバランスのとれたものとしているが、吉田の『日本の庭園』では桂離宮が集中的に論じられているのも特徴のひとつである。たとえば、掲載されたモノクロ写真175点、カラー写真4点のうち、桂離宮はモノクロ60点、カラー3点を占めているのである。この桂離宮への偏重ともいうべき傾向は、『日本の庭園』のみならず『日本の住宅』と『日本の建築』にも共通するもので、桂離宮を日本の伝統的建築の理想とする吉田の建築観がよく反映されている。

日本庭園への造詣を深めながらも、あくまでも建築家としての軸足を外すことのなかった吉田は、和風住宅の設計にあたっては昭和戦前期に活躍した庭園家・龍居松之介（1884〜1961年）との共同を試みている。日本庭園協会の理事として建築界とも深い関わりをもっていた龍居は、日本庭園の研究者として、また作家としても知られていた。吉田の設計した〈馬場熱海別邸〉では、回遊式の日本庭園と住宅に付随する茶室の設計を龍居が手掛けている。同じく熱海にある旅館〈大観荘〉の庭園も龍居の作品で、熱海の別荘や旅館に付随する造園の仕事を数多くこなしていたのであろう。

そして造園界の重鎮のひとりであった龍居は、庭園研究の分野においては当時にあってもほとんど正当な評価を受けていなかった江戸時代の庭園「大名庭園」に対して、実用の観点から高い評価を与えていた人物である。一方の吉田は、最も調和の取れた「建築と庭園」の例として桂離宮を評価しているが、それは鑑賞を重視した視覚的な側面からの評価であり、龍居と比べるとやや古典的な庭園観を抱いていたといえよう。

## 堀口捨己の「空間構成」

　建築家による日本庭園研究の発展期を代表する人物は堀口捨己である。茶室研究に果たした役割は決定的なものであり、そもそも、社寺建築中心の建築史学においてはじめて茶室に着目し、その方法においても、従来の様式史および技術史からの視点ではなく、「空間構成」という視点に着目した功績は多大である。そこからさらに、庭園研究においても従来の庭園史を超える画期的な成果を挙げた。堀口の眼目は「建物と庭」の両者を分けずに捉える視点として「空間構成」という概念を提示したことである。

　日本においては、「つねに外部に（建築が）向かって開き、それ（庭園）との密接な関係をもって展開する空間の伝統がある」とする考えから、堀口は「建築は常に庭としての風景のなかにある」とする考えを抱いていた（『庭と空間構成の伝統』）。そうした考えは、先述した吉田鉄郎にも共通するものであるが、堀口にあってはより概念的で明確に意識化されたものであった。そのことは、自らの建築作品集の名称を『家と庭の空間構成』と題し、庭園論集の名称を『庭と空間構成の伝統』と題したことに明確に表れている（いずれも鹿島出版会、1974年、1965年）【4】。

『庭と空間構成の伝統』は、堀口の庭園論として最もまとまったものである。出版は1965年であるが、昭和戦前期より収集していた写真や図版が使われるなど、それまでに書いてきた堀口の庭園論考が集約されたものである。ベースとなったのは、吉田鉄郎の『日本の庭園』と同様に、神代雄一郎との共著で外国人を対象にまとめられた『Tradition of Japanese Garden』（1962年）であった。

　その内容は、「庭とは」「庭のあり方」「庭の生いたち」「庭作りの伝え書き」「写真を通して見る古い庭」といった構成からなっている。庭の定義にあたっては、「人間生活の場として、特に設けられ、組み上げられた空間構成の一つで、植物のような生命あるもの、自然の姿をそのまま保っている岩などが、その構成素材に含まれた時、庭が成り立つと考える。そしてまたここでは、特に芸術の一つとして、すなわち造形芸術の一つ」として捉えている。

4. 堀口捨己『庭と空間構成の伝統』（鹿島出版会、1965年）

こうした庭に対する堀口の把握は、それまでの庭園史の人々の理解をはるかに超えるものであった。その定義に従えば、三輪の磐座も伊勢神宮の神域も庭であり、箸塚の古墳もまた同様であり、空間構成の芸術としての日本の庭のなかで最高の出来映えを示すのは厳島ということになる。それは「自然が建築という触媒によって、一つの空間の纏まりを作り出して、広い意味の庭になったもの」といった認識によっている。

　この定義を前提に、自由奔放な感性によって「庭のあり方」や「庭の生い立ち」を叙述、そして『作庭記』をはじめとする数々の庭園書を考察し、さらに多くの事例を通じて日本庭園の魅力をあますところなく論じてみせる。それは、建築家としての堀口の資質が最大限に活かされた庭園論といえよう。

　吉田鉄郎と堀口捨己はともに伝統への意識が高く、日本の伝統的建築文化を新しい建築の創出に活かす道を模索していた。その一環として建築のみならず庭園に対しても高い関心を示してきたのである。年齢にしてわずか1歳違いの両者を隔てているのは「空間」への意識の違いであろう。吉田の『日本の庭園』には写真などから建物と庭園の関係への意識は見受けられるが、堀口のように空間構成の芸術として捉える視点はない。しかし、独特のタッチをもつ配置・平面図と選び抜かれた写真、そして『日本の住宅』や『日本の建築』と同様の即物的な論述といった点にこそ、建築家・吉田鉄郎の特徴が色濃く反映されているのである。

建築家の庭園探究のその後

　吉田鉄郎、堀口捨己のほかに造園に深い関心を寄せてきた建築家としては、吉田五十八（1894〜1974年）と谷口吉郎（1904〜79年）がいるが、ふたりにまとまったかたちでの庭園論はない。

　古宇田実の庭園学を受け継いだ東京美術学校での吉田五十八の講義がどのような内容であったかは不明だが、伊藤ていじとの対談のなかで、造園に対する関心の高さを示したうえで、石を嫌い大和絵のような庭を好んだことを吉田五十八は述べて

いる。また、造園の素材としてはとくに竹を好み、〈大和文華館〉(1960年)や〈外務省飯倉公館〉(1971年)といった作品を契機として、独自の庭園観を築き上げていった。その作品を論じる際に、「近代数寄屋の創設期」「鉄筋コンクリート造による日本調の模索」「その展開期」といった時代区分が適用され、それぞれの時期に独特の庭園が提案されているが、最近の研究ではその時期に応じて協同者としての造園家が異なっていることが指摘されている(馬場菜生「建築家吉田五十八と庭園」2002年度東京農業大学造園学部卒業論文要旨集)。吉田五十八の模索過程の一面を示すものであろう。

谷口吉郎もまた、戦後すぐに建てられた名作〈藤村記念堂〉(1947年)以降、ランドスケープデザインともいえる腕の冴えをみせる数々の建築・造園作品を生み出し、イサム・ノグチにも多大な影響を及ぼしている。庭園を"五感の芸術"と捉える谷口の庭園観は、毎日出版文化賞を受賞した著作『修学院離宮』(毎日新聞社、昭和31年)に集約されている。

やがて1950年代から60年代にかけて戦後の建築の花形となったさまざまな公共建築において、「建築と庭園」の関係が大きなテーマとして取り上げられるようになった。

こうしたなかで、最も精力的に庭園を論じた建築家が西澤文隆(1915〜86年)である。その膨大かつ精妙な庭園の実測図は、『建築と庭——西澤文隆「実測図」集』(建築資料研究社、1997年)によってすでに知られている。昭和戦前期より古建築や庭園に対する興味を抱き、奈良や京都を行脚してスケッチや写真撮影を行ってきた西澤は、伊藤ていじと二川幸夫による『日本建築の根』(美術出版社、1962年)を見たのを機に、本格的な実測を行うようになったという。1970年代のことである。西澤の実測図にみられる最大の特徴は、「庭と建築の関係」が一体として表現された図面となっている点である。それは配置・平面図のみならず断面図において、壮大な自然を背景とした建築空間の有り様が描き込まれている。

実測事例を整理した建築と庭の分類年表」では、「透けた空間」「密な空間」「歩く庭」「庭と呼ばれない庭」の4種に分類している。その庭園論は『西澤文隆小論集2〜4』

（庭園論Ⅰ～Ⅲ／相模書房、1975～76年）としてまとめられているが、それは古建築と庭園の範囲を超え、設計手法としてのコートハウス論として結実する内容も含むものであった。

　近年の庭園史の傾向として注目を集めているのは、近世江戸期の庭園に関する再評価の動きである。庭園史家・白幡洋三郎はそのなかでも中心的な存在である。著作『大名庭園』（講談社メチエ、1997年）では、従来の京都を中心とした庭園史の常識をくつがえし、鑑賞主体の庭園評価ではなく実用性に重きをおいた大名庭園の再評価を試みている。白幡によれば、いったんは存亡の危機に瀕していた大名庭園は、明治期の上流層の大邸宅のなかに甦ったという。大名庭園の懐の深さは、近代社会が要求するさまざまな機能にも対応し、また感覚としても広壮で雄大、明るく伸びやかな景観として人々に受け入れられたと評価している。

　近代建築家による庭園論の系譜を辿ってみると、『作庭記』に代表される視覚重視の庭園評価が中心であった庭園界とは異なり、大江新太郎や堀口捨己のように、機能性や空間性を重視した大胆な視点が打ち出されていたことが理解されるのである。建築家による庭園論の可能性は、まさにそこにあると考えられる。

　建築家が、建築の周辺環境にまで想いを寄せるのは当然のことであろう。しかし、日本の庭園および世界の庭園に対する深い知識と洞察力とによって、積極的に建物と庭との関係を追及しようとする建築家の存在は、西澤以後に徐々に減少してしまったことは否めない。そのことが再び建築界において人々の関心を集めるのは、1980年代に入ってにわかに関心が高まってきた「ランドスケープ・アーキテクチュア」という概念とピーター・ウォーカーに代表されるデザイナーたちの活躍が注目されるようになってからである。

　建築と庭園がそれぞれの専門家の共同によって進められるケースは、今後も増えて行くにちがいない。そこでは、建築の特質をよく理解できる造園家と、庭園に対する深い理解と洞察力をもつ建築家が求められているのである。

## 翻訳の経緯

 最後になるが、この本の翻訳プロセスを付記したい。

 まず前項で紹介したように、これまでに何度となく本書は翻訳されており、その代表が『郵政建築』第377号に掲載された薬師寺厚氏による訳文である。この号は、逓信建築の黄金期を築いたふたりのスターアーキテクト、吉田鉄郎と山田守の生誕100周年を記念しての特集が組まれ、日本建築学会や逓信博物館での記念行事の模様を伝える記事、逓信・郵政・NTT建築をめぐる座談会、そして薬師寺厚氏による『日本の庭園』の訳文が掲載された。

 この機関誌の発行者である郵政建築協会のあとがきには、原出版社ヴァスムートの許可を得て訳出されたことが付記されている（「掲載にあたって」）。2章までの前半部分のみの掲載となったのは「紙幅の都合」としているが、バックナンバーに続編がなく、後半の訳文の存在は森俶朗氏や薬師寺氏のご遺族も把握していなかったため、今回の訳出はドイツ語版のみを定本とする新規の翻訳となった。

 そして『郵政建築』掲載時の協力者としては4名が挙げられている。

　薬師寺 厚（元郵政省建築部長／1998年逝去）
　森 俶朗（元郵政省建築部長）
　尾崎一雄（元三井ホーム常務、郵政省OB／2002年逝去）
　国分守行（元日本大学工学部建築学科助教授、郵政省OB）

 尾崎氏は原書の写真撮影担当者であり、そのネガを長期間にわたって保存し、『郵政建築』に提供したのが国分氏であったという。今回は、尾崎氏の夫人・睦子さんとご子息・文雄氏のご提供によって、3割あまりの写真はオリジナルのネガを使用できた（p.iii口絵、図9、10、12、17、19、23、25、45、57、90、91、93、94、97、99、100、102、103、105〜107、109、110、113〜115、121、123〜126、128〜131、133、138、143〜147、150、157〜159、163、170、171、174、175、177、186、187、204〜206）。

吉田鉄郎が「はじめに」で記しているように、写真の撮影は尾崎氏と岩井要氏のふたりが担当した。薬師寺、森、尾崎、岩井の各氏はみな東京大学建築学科から逓信省・郵政省に進んだ吉田の後輩たちである。岩井要氏によれば、原書執筆時に郵政省の設計課長だった山中俊氏の指示によって撮影がはじまったという。写真の現像・プリント・引き伸ばしは、省内の青写真室の暗室で尾崎氏の手で行われた。「休日のたびに全国を駆け巡っていた」と尾崎睦子さんは回想する。

　病床の原著者のもとに逓信省の後輩たちが結集して原書は生まれたわけだが、このＳＤ選書版もたくさんの方々にお世話になっている。まず、原著者のご遺族である吉田尚之・登美子ご夫妻に三部作最後の復刻をご快諾いただいた。原書刊行時の雰囲気を少しでも知り、伝えるために、口述筆記を担当された森俶朗氏、写真を撮影された岩井要氏に手紙や電話で相談し、尾崎睦子さんと尾崎文雄氏にオリジナルのネガをご提供いただいたのは前述のとおりである。『郵政建築』誌のテキスト再録にあたっては、森氏と薬師寺國人氏（厚氏ご子息）にご快諾をえており、小笠原武夫氏（郵政省ＯＢ、現・日搬）には関連機関への折衝にお骨折りいただいた。

　こうした方々をご紹介くださったのは『日本の住宅』復刻以降、向井覚氏、矢作英雄氏、国分守行氏といった吉田鉄郎に近しい方々である。また、原書は日仏会館所蔵のものを拝借し、原著者が綿密にレイアウトしたその雰囲気を継承するために、今回も髙木達樹氏にデザインをお願いした。ページ構成は原書と同一になることを原則としたが【5】、ひとつだけ異なる点がある。本書の口絵4点の写真（p.iii〜vi）は、原書では天然色版のカラー写真であった。紙の表側だけに写真がカラー印刷された4

葉は、ページ数もなく、印刷の「台」の切りのよいページに別々に挟みこまれている（1ページ目の前、32、48、64ページの後）。4枚のカラー写真のネガは捜しあてられず、照合できたのはモノクロ版のネガ1枚のみだったため、モノクロの口絵として巻頭にまとめた次第である。

そして本書の訳出作業は、つぎのような手順によって行われた。まず、田所辰之助がドイツ文から訳出し、その作業過程での疑問点や問題点に関しては、大川との議論によって判断して文章を整えている。脚注は、それぞれが役割を決めて分担して行っている。全体の監修は、建築家・吉田鉄郎を身近に知る近江榮が担当している。

なお、この訳者後記をまとめるにあたっては、近代建築家による日本庭園研究の系譜をテーマに修士論文に取り組んでいた齋藤英一郎君の協力をえている。

『日本の住宅』や『日本の建築』と比べると、文章量は圧倒的に少なく、しかも病床にあってまとめられたという背景から、ときとして文脈的な不都合や繰り返しが見られたところもあった。力のこもった文体という点からも前の2冊には及ばないであろう。しかし訳出作業を通じ、文章の行間に、何としても『日本の庭園』を世に出したいという執念のような想いを強く感じされられることがしばしばあった。

何とか、出版にまでこぎつけたのは、前作同様、鹿島出版会の川嶋勝君の熱意によるものである。ともにその完成を喜びたい。

2004年12月　　　　　　　　　　　　　　　　　　　　　　　　　　　　　　大川三雄

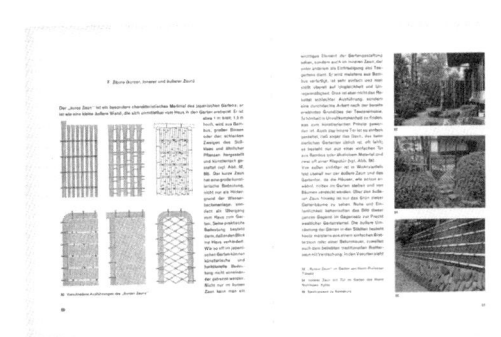

5. 吉田鉄郎『DER JAPANISCHE GARTEN（日本の庭園）』（エルンスト・ヴァスムート、1957年）

# 索引

（　）＝図版番号。この索引は原書の項目立てにならって作成した。
原書ではローマ字表記のように日本語の読み方でつづられている。

依水園／奈良 [いすいえん] (144)
裏千家庭園／京都の茶匠宗家 [うらせんけていえん] (26, 106, 139, 150〜152)
園林堂／桂離宮 [えんりんどう] 47, (14)
表千家庭園／京都 [おもてせんけていえん] (107)

桂離宮／京都 [かつらりきゅう] 17, 29, 42, 46〜48, (口絵 14, 37, 40, 45, 48〜50, 57, 61, 62, 69〜74, 92〜99, 119, 120, 123, 128〜131, 134〜137, 140, 146, 148, 166, 167, 170, 172, 176, 182, 187, 188, 198, 199, 205)
窮邃亭／修学院離宮 [きゅうすいてい] (20, 64)
行 [ぎょう] 18, 21
京都御所 [きょうとごしょ] 57, (8, 19, 75, 124, 125)
金閣寺／鹿苑寺／京都 [きんかくじ／ろくおんじ] 46, (11, 68)
銀閣寺／慈照寺／京都 [ぎんかくじ／じしょうじ] 46, (12, 163, 203)
月波楼／桂離宮 [げっぱろう] 47, (14, 69, 172〜175)
兼六園／金沢 [けんろくえん] (38, 121, 161, 171)
後楽園／東京 [こうらくえん] (79)
孤篷庵／京都 [こほうあん] (111, 157〜159)

西芳寺／京都 [さいほうじ] 58, (10)
三渓園／横浜 [さんけいえん] (80, 141, 153, 156)
三宝院／京都 [さんぽういん] (15, 122, 126, 155)
紫宸殿／京都御所 [ししんでん] (75)
芝公園／旧芝離宮恩賜庭園／東京 [しばこうえん] (58)
修学院離宮／京都 [しゅがくいんりきゅう] 17, 47, 57, (口絵 20, 64, 100〜103, 168, 169, 206)
笑意軒／桂離宮 [しょういけん] 47, (14, 49, 71, 182〜185)
賞花亭／桂離宮 [しょうかてい] 47, 48, (14, 74, 190, 191)
松琴亭／桂離宮 [しょうきんてい] 47, (14, 48, 70, 176〜181)
常住院／京都 [じょうじゅいん] (164)
真 [しん] 18, 21, (27, 29)
寝殿造 [しんでんづくり] 7, 12, 46, (34, 63, 67)

清涼殿／京都御所 [せいりょうでん] (75)
仙洞御所／京都 [せんとうごしょ] (78, 114, 117, 165, 202)
草 [そう] 18, 21, (28, 30)

大徳寺／京都 [だいとくじ] (22, 111)
田中邸／東京 [たなかてい] (83, 160)
短冊石 [たんざくいし] 34, (43, 47)
椿山荘／東京の料亭 [ちんざんそう] (65, 193)
天竜寺／京都 [てんりゅうじ] (9)
東京国立博物館 [とうきょうこくりつはくぶつかん] (154)
東京大学 [とうきょうだいがく] (127, 142)

西川邸／京都 [にしかわてい] (54, 84, 147, 197)
西本願寺／京都 [にしほんがんじ] (16, 118, 149)
二条城／京都 [にじょうじょう] (18)
仁和寺／京都 [にんなじ] (1)

馬場熱海別邸 [ばばあたみべってい] (5)
飛雲閣／西本願寺／京都 [ひうんかく] (16)
平安神宮／京都 [へいあんじんぐう] (145)
本法寺／京都 [ほんぽうじ] (23)

卍字亭／桂離宮 [まんじてい] 47, 48, (14, 73, 188, 199)
妙喜庵／京都 [みょうきあん] 15, (17, 138)
妙心寺／京都 [みょうしんじ] (25)
武者小路千家庭園／京都 [むしゃのこうじせんけていえん] (43, 200, 201)
無鄰庵／京都 [むりんあん] (104, 105, 115, 116, 133)
明治神宮／東京 [めいじじんぐう] (35, 66, 77)

安田邸／大磯 [やすだてい] (196)
養浩館／福井 [ようこうかん] (42)

六義園／東京 [りくぎえん] (39, 194, 195)
栗林園／栗林公園／高松 [りつりんえん] (36)
竜安寺／京都 [りょうあんじ] 14, (13, 90, 91)
遼廓亭／仁和寺 [りょうかくてい] (1)
隣雲亭／修学院離宮 [りんうんてい] (20)

[原著者]
吉田鉄郎　よしだ・てつろう
建築家。一八九四年富山生まれ。一九一五年第四高等学校卒業後、一九年東京帝国大学建築学科卒業後、逓信省経理局営繕課に勤務。四六年日本大学教授。四九年脳腫瘍発病、五六年逝去（享年六二歳）。著書に『日本の住宅』（東京中央郵便局、四九年）、『馬場烏山別邸』（大阪中央郵便局）など。建築作品に『日本の住宅』のほか、日本の建築』、『日本の庭園』の「ドイツ語三部作」（独ヴァスムート社）、『吉田鉄郎建築作品集』（同刊行会編）、東海大学出版会など。一九五二年度日本建築学会賞受賞（著書『JAPANISCHE ARCHITEKTUR』）。

[監修者]
近江　榮　おおみ・さかえ
建築史家。一九二五年東京都生まれ。五〇年日本大学工学部（現・理工学部）建築学科卒業。日本大学教授、日本建築学会副会長を務める。現在日本大学名誉教授。工学博士。中央工学校STEP館長、建築家フォーラム代表幹事。主著に『建築設計競技』鹿島出版会、『光と影・甦る近代建築史の先駆者たち』相模書房、『日本の建築　明治・大正・昭和10：日本のモダニズム』三省堂（共著）。二〇〇五年逝去。

[訳者]
大川三雄　おおかわ・みつお
建築史家。一九五〇年群馬県生まれ。七三年日本大学理工学部建築学科卒業、七五年同大学院博士前期課程修了。元・日本大学教授。博士（工学）。主著に『図説・近代日本住宅史』鹿島出版会、『近代和風建築』『建築モダニズム』以上エクスナレッジ、『図説近代建築の系譜』彰国社（いずれも共著）。

田所辰之助　たどころ・しんのすけ
ドイツ近代建築史。一九六二年東京都生まれ。八六年日本大学理工学部建築学科卒業。九四年同大学院博士後期課程満期退学。現在、日本大学理工学部教授。博士（工学）。主著（共著）に『分離派建築会』京都大学学術出版会、『吉田鉄郎の近代』文化庁国立近現代建築資料館、『ビフォー ザ バウハウス』三元社（共訳）、『材料・生産の近代』東京大学出版会。

SD選書239
建築家・吉田鉄郎の『日本の庭園』
DER JAPANISCHE GARTEN, 1957

二〇〇五年二月　五日　第一刷発行
二〇二三年二月一〇日　第二刷発行

監修者　近江　榮
訳者　　大川三雄、田所辰之助
発行者　新妻　充
発行所　鹿島出版会
〒一〇四-〇〇六一　東京都中央区銀座六-七-一
銀座6丁目-SQUARE七階
電話〇三-（六二六四）二三〇一
振替〇〇一六〇-二-一八〇八八三
印刷　　半七写真印刷工業
製本　　牧製本

©Shinnosuke TADOKORO 2005, Printed in Japan
落丁・乱丁本はお取り替えいたします。
本書の無断複製（コピー）は著作権法上での例外を除き禁じられています。また、代行業者等に依頼してスキャンやデジタル化することは、たとえ個人や家庭内の利用を目的とする場合でも著作権法違反です。
本書の内容に関するご意見・ご感想は左記までお寄せ下さい。
URL：https://www.kajima-publishing.co.jp/
e-mail：info@kajima-publishing.co.jp
ISBN 978-4-306-05239-0 C1352

185 プレジション(上) ル・コルビュジエ著 井田安弘他訳
186 プレジション(下) ル・コルビュジエ著 井田安弘他訳
187* オットー・ワーグナー H・ゲレツェッガー他編 伊藤哲夫他訳
188* 環境照明のデザイン 石井幹子著
189 ルイス・マンフォード 木原武一訳
190 「いえ」と「まち」 鈴木成文他著
191* アルド・ロッシ自伝 A・ロッシ著 三宅理一訳
192* 屋外彫刻 M・A・ロビネット著 千葉成夫訳
193 『作庭記』からみた造園 飛田範夫著
194* トーネット曲木家具 K・マンク著 宿輪吉之典訳
195 劇場の構図 清水裕之著
196 オーギュスト・ペレ 吉田鋼市著
197 アントニオ・ガウディ 鳥居徳敏著
198* インテリアデザインとは何か A・F・マルチャノ著 三輪正弘訳
199* アルド・ロッシの空間構成 東孝光著
200 ヴェネツィア 陣内秀信著
201 自然な構造体 F・オット著 岩村和夫訳
202 椅子のデザイン小史 大廣保行著
203* 都市の道具 GK研究所、榮久庵祥二著
204* ミース・ファン・デル・ローエ D・スペース著 平野哲行訳
205 表現主義の建築(上) W・ペーント著 長谷川章訳
206* 表現主義の建築(下) W・ペーント著 長谷川章訳
207* カルロ・スカルパ 浜口オサミ訳
208* 都市の街割 材野博司著
209 日本の伝統工具 秋山実写真
210 まちづくりの新しい理論 C・アレグザンダー他著 難波和彦監訳
211* 建築計画の展開 土田一郎著
212* 建築環境論 W・M・ペニヤ著 本田邦夫訳
213 スペイン建築の特質 F・チュエッカ著 岩村和夫訳
214* アメリカ建築の巨匠たち P・ブレイク他著 小林克弘他訳
215* 行動・文化とデザイン 鳥居徳敏他訳
216 環境デザインの思想 清水忠男著 三輪正弘訳

217 ボッロミーニ G・C・アルガン著 長谷川正允訳
218 ヴィオレ・ル・デュク 羽生修二訳
219 トニー・ガルニエ 吉田鋼市著
220 住環境の都市形態 P・パヌレ他著 佐藤方俊訳
221 古典建築の失われた意味 G・ハージー著 白井秀和訳
222 時間の中の都市 K・リンチ著 東京大学大谷幸夫研究室訳
223* ディスプレイデザイン 清家清序文
224* パラディオへの招待 長尾重武著
225 芸術としての建築 S・バーカウビー監修 魚成祥一郎監修
226 フラクタル造形 三井秀樹著
227 ウイリアム・モリス 藤田治彦著
228 エーロ・サーリネン 穂積信夫著
229 都市デザインの系譜 相田武文、土屋和男著
230 サウンドスケープ 鳥越けい子著
231 風景から都市へ 吉村元男著
232 庭園のコスモロジー 材野博司著
233 都市・住宅論 東孝光著
234 ふれあい空間のデザイン 清水忠男著
235 さあ横になって食べよう B・ルドフスキー著 多田道太郎監修
236 都市デザイン J・バーネット著 兼田敏之訳
237 建築家・吉田鉄郎の『日本の住宅』 吉田鉄郎著 神代雄一郎訳
238 建築家・吉田鉄郎の『日本の建築』 吉田鉄郎著 薬袋公明訳
239 建築家・吉田鉄郎の『日本の庭園』 吉田鉄郎著
240 建築史の基礎概念 P・フランクル著 香山壽夫訳
241 アーツ・アンド・クラフツの建築 K・フランプトン他著 片木篤訳
242 ミース再考 澤村明+EAT訳
243 歴史と風土の中で 山本学治建築論集① 山本学治建築論集
244 造型と構造と 山本学治建築論集② 山本学治建築論集
245 創造するこころ 山本学治建築論集③ 山本学治建築論集
246 アントニン・レーモンドの建築 三沢浩著
247 神殿か獄舎か 長谷川堯著
248 ルイス・カーン建築論集 ルイス・カーン著 前田忠直編訳

249 映画に見る近代建築 D・アルブレヒト著 萩山勝彦訳
250 様式の上にあれ 村野藤吾作品選 村野藤吾著
251 コラージュ・シティ C・ロウ、F・コッター著 渡辺真理訳
252 記憶に残る場所 D・リンドン、C・W・ムーア著 有岡孝訳
253 エスノ・アーキテクチュア 太田邦夫著
254 時間の中の都市 K・リンチ著 東京大学大谷幸夫研究室訳
255 建築十字軍 ル・コルビュジエ著 井田安弘他訳
256 機能主義理論の系譜 E・R・デ・ザーコ著 山本学治他訳
257 都市の原理 J・ジェイコブズ著
258 都市のあいだのアクティビティ J・ゲール著 北原理雄訳
259 建物のあいだのアクティビティ J・ゲール著 北原理雄訳
260 人間主義の建築 G・スコット著 邊見浩久、坂牛卓監訳
261 環境としての建築 R・バンハム著 堀江悟郎訳
262 バタンランゲージによる住宅の生産 C・アレグザンダー他著 中埜博監訳
263 褐色の三十年 L・マンフォード著 富岡義人訳
264 形の合成に関するノート/都市はツリーではない C・アレグザンダー著 稲葉武司、押野見邦英訳
265 建築美の世界 井上充夫著
266 劇場空間の源流 本杉省三著
267 個室の計画学 中江利忠他訳
268 メタル建築史 内田青蔵著
269 丹下健三と都市 豊川斎赫編著 黒沢隆著
270 時のかたち G・クブラー著 中谷礼仁他訳
271 アーバニズムのいま 難波和彦他著
272 庭と風景のあいだ 宮城俊作著 横文彦著
273 共生の都市学 團紀彦著

- 089\* 江戸建築と本途帳　　　　　　　　　　　　　　　　　　　西和夫著
- 090\* 大きな都市小さな部屋　　　　　　　　　　　　　　　　　　渡辺武信著
- 091\* イギリス建築の新傾向　R・ランダウ著　　　　　　　鈴木博之訳
- 092\* SD海外建築情報Ⅴ　　　　　　　　　　　　　　　　　　　岡田新一編
- 093\* IDの世界　　　　　　　　　　　　　　　　　　　　　　　豊口協著
- 094\* 交通圏の発見　　　　　　　　　　　　　　　　　　　　　有末武夫著
- 095　建築とは何か　B・タウト著　　　　　　　　　　　　篠田英雄訳
- 096\* 建築の現在　　　　　　　　　　　　　　　　　　　　　　長谷川堯著
- 097\* 続住宅論　　　　　　　　　　　　　　　　　　　　　　　篠原一男著
- 098\* 都市の景観　G・カレン著　　　　　　　　　　　　　北原理雄訳
- 099\* SD海外建築情報Ⅵ　　　　　　　　　　　　　　　　　　　岡田新一編
- 100\* 都市空間と建築　　　　　　　　　　　　　　　　　　　　大野勝彦著
- 101\* 環境ゲーム　U・コンラーツ著　　　　　　　　　　　伊藤哲夫訳
- 102\* アテネ憲章　T・クロスビイ著　　　　　　　　　　　森俊子訳
- 103\* プライド・オブ・プレイス　ル・コルビュジエ著　　　鈴木了訳
- 104\* 構造と空間の感覚　シヴィック・トラスト編　　　　　吉阪隆正訳
- 105\* 現代民家と住環境体　F・ウィルソン著　　　　　　　井手久登他訳
- 106\* 光の死　H・ゼーデルマイヤ著　　　　　　　　　　　山本学治他訳
- 107\* アメリカ建築の新方向　R・スターン著　　　　　　　横山正訳
- 108\* 近代都市計画の起源　L・ベネヴォロ著　　　　　　　佐野敬彦他訳
- 109\* 中国の住宅　劉敦楨著　　　　　　　　　　　　　　　田中淡他訳
- 110\* 現代のコートハウス　D・マッキントッシュ著　　　　北原理雄訳
- 111\* モデュロールⅠ　ル・コルビュジエ著　　　　　　　　吉阪隆正訳
- 112\* モデュロールⅡ　ル・コルビュジエ著　　　　　　　　吉阪隆正訳
- 113\* 建築の史的原型を探る　B・ゼーヴィ著　　　　　　　鈴木美治訳
- 114\* 西欧の芸術1 ロマネスク上　H・フォション著　　　　神沢栄三他訳
- 115\* 西欧の芸術1 ロマネスク下　H・フォション著　　　　神沢栄三他訳
- 116\* 西欧の芸術2 ゴシック上　H・フォション著　　　　　神沢栄三他訳
- 117\* 西欧の芸術2 ゴシック下　H・フォション著　　　　　神沢栄三他訳
- 118\* アメリカ大都市の死と生　J・ジェイコブス著　　　　黒川紀章他訳
- 119\* 遊び場の計画　R・ダットナー著　　　　　　　　　　神谷五男他訳
- 120　人間の家　ル・コルビュジエ他　　　　　　　　　　　西沢信弥訳

- 121\* 街路の意味　　　　　　　　　　　　　　　　　　　　　　竹山実著
- 122\* パルテノンの建築家たち　R・カーペンター著　　　　松島道也訳
- 123\* ライトと日本　　　　　　　　　　　　　　　　　　　　　谷川正己著
- 124\* 空間としての建築 上　B・ゼーヴィ著　　　　　　　栗田勇訳
- 125\* 空間としての建築 下　B・ゼーヴィ著　　　　　　　栗田勇訳
- 126　かいわい［日本の都市空間］　　　　　　　　　　　　　　材野博司編
- 127\* 歩行者革命　S・ブラインズ他著　　　　　　　　　　岡並木監訳
- 128\* オレゴン大学の実験　C・アレグザンダー著　　　　　宮本雅明訳
- 129\* 都市はふるさとか　F・レンツローマイス著　　　　　武基雄他訳
- 130\* 建築空間［尺度について］　P・ブドン著　　　　　　中村貴志訳
- 131\* アメリカ住宅論　V・スカーリーJr・著　　　　　　　長屋重武訳
- 132\* タリアセンへの道　　　　　　　　　　　　　　　　　　　谷川正己著
- 133\* 都市VS.ハウジング　M・ポウリー著　　　　　　　　山下和正訳
- 134\* 思想としての建築　　　　　　　　　　　　　　　　　　　栗田勇著
- 135\* 人間のための都市　P・ベータース著　　　　　　　　河合正一訳
- 136\* 都市憲章　　　　　　　　　　　　　　　　　　　　　　　磯村英一著
- 137\* 巨匠たちの時代　R・バンハム著　　　　　　　　　　山下泉訳
- 138\* インターナショナルスタイル　H.R.ヒッチコック他著　武沢秀一訳
- 139\* 三つの人間機構　ル・コルビュジエ著　　　　　　　　山口知之訳
- 140\* 北欧の建築　S・E・ラスムッセン著　　　　　　　　吉田鉄郎訳
- 141\* 続建築とは何か　B・タウト著　　　　　　　　　　　篠田英雄訳
- 142\* 四つの交通路　ル・コルビュジエ著　　　　　　　　　井田安弘訳
- 143\* ラスベガス　R・ヴェンチューリ他著　　　　　　　　石井和紘他訳
- 144\* ル・コルビュジエ　C・ジェンクス著　　　　　　　　佐々木宏訳
- 145\* デザインの認識　R・ソマー著　　　　　　　　　　　加藤常雄訳
- 146\* 鏡［虚構の空間］　　　　　　　　　　　　　　　　　　　由水常雄著
- 147\* イタリア都市再生の論理　　　　　　　　　　　　　　　　陣内秀信著
- 148\* 東方への旅　ル・コルビュジエ著　　　　　　　　　　石井勉他訳
- 149\* 建築鑑賞入門　　　　　　　　　　　　　　　　　　　　　六鹿正治著
- 150\* 近代建築の失敗　W・W・コーディル著　　　　　　　星野郁美訳
- 151\* 文化財と建築史　P・ブレイク著　　　　　　　　　　関野克著
- 152\* 日本の近代建築（上）その成立過程　　　　　　　　　　　稲垣栄三著

- 153\* 日本の近代建築（下）その成立過程　　　　　　　　　　　稲垣栄三著
- 154\* 住宅と宮殿　ル・コルビュジエ著　　　　　　　　　　井田安弘訳
- 155\* イタリアの現代建築　V・グレゴッティ著　　　　　　松井宏多訳
- 156\* バウハウス［その建築造形理念］　　　　　　　　　　　　利光功著
- 157\* エスプリ・ヌーヴォー［近代建築名鑑］ル・コルビュジエ著　山口知之訳
- 158\* 建築について（上）　F・L・ライト著　　　　　　　谷川睦子他訳
- 159\* 建築について（下）　F・L・ライト著　　　　　　　谷川睦子他訳
- 160\* 建築形態のダイナミクス（上）R・アルハイム著　　　乾正雄訳
- 161\* 建築形態のダイナミクス（下）R・アルハイム著　　　乾正雄訳
- 162\* 見えがくれする都市　　　　　　　　　　　　　　　　　　槇文彦他著
- 163\* 街の景観　G・バーク著　　　　　　　　　　　　　　長素連他訳
- 164\* 環境計画論　　　　　　　　　　　　　　　　　　　　　　伊藤哲夫著
- 165\* アドルフ・ロース　　　　　　　　　　　　　　　　　　　箱崎総一著
- 166\* 空間と情緒　　　　　　　　　　　　　　　　　　　　　　山下勇著
- 167\* 水空間の演出　　　　　　　　　　　　　　　　　　　　　栗田勇編
- 168\* モラリティと建築　D・ワトキン著　　　　　　　　　榎本弘之訳
- 169\* ペルシア建築　A・U・ポープ著　　　　　　　　　　石井昭訳
- 170\* ブルネレスキ　ルネサンス建築の開花　G・C・アルガン著　浅井朋子訳
- 171\* 装置としての都市　　　　　　　　　　　　　　　　　　　月尾嘉男著
- 172\* 建築史の発想　　　　　　　　　　　　　　　　　　　　　石井和紘著
- 173\* 日本の空間構造　　　　　　　　　　　　　　　　　　　　吉村貞司著
- 174\* 建築の多様性と対立性　R・ヴェンチューリ著　　　　伊藤公文訳
- 175\* 広場の造形　C・ジッテ著　　　　　　　　　　　　　大石敏雄訳
- 176\* 西洋建築様式史（上）F・バウムガルト著　　　　　　杉本俊多訳
- 177\* 西洋建築様式史（下）F・バウムガルト著　　　　　　杉本俊多訳
- 178\* 木のこころ 木匠回想記　G・ナカシマ著　　　　　　神代雄一郎他訳
- 179\* 風土に生きる建築　　　　　　　　　　　　　　　　　　　若山滋著
- 180\* 金沢の町家　　　　　　　　　　　　　　　　　　　　　　島村昇著
- 181\* ジュゼッペ・テッラーニ　B・ゼーヴィ編　　　　　　伊藤隆訳
- 182\* 水のデザイン　　　　　　　　　　　　　　　　　　　　　飯田喜四郎著
- 183\* ゴシック建築の構造　D・ベーミングハウス著　　　　鈴木信宏訳
- 184\* 建築家なしの建築　R・マーク著　　　　　　　　　　渡辺武信訳

# SD選書目録

四六判（*＝品切）

| 番号 | タイトル | 著者 | 訳者 |
|---|---|---|---|
| 001 | 現代デザイン入門 | | 勝見勝著 |
| 002* | 現代建築12章 | L・カーン他 | 山本学治訳編 |
| 003* | 都市とデザイン | | 栗田勇著 |
| 004* | 江戸と江戸城 | | 内藤昌著 |
| 005 | 日本デザイン論 | | 伊藤ていじ著 |
| 006* | ギリシア神話と壺絵 | | 沢柳大五郎著 |
| 007* | フランク・ロイド・ライト | | 谷川正己著 |
| 008 | きもの文化史 | | 河鰭実英著 |
| 009 | 素材と造形の歴史 | | 山本学治著 |
| 010* | 今日の装飾芸術 | ル・コルビュジエ著 | 前川国男訳 |
| 011 | コミュニティとプライバシイ | C・アレグザンダー著 | 岡田新一訳 |
| 012* | 新桂離宮論 | | 内藤昌著 |
| 013 | 現代絵画の解剖 | | 木村重信著 |
| 014 | ユルバニスム | ル・コルビュジエ著 | 樋口清訳 |
| 015 | デザインと心理学 | | 穐山貞登著 |
| 016* | 私と日本建築 | A・レーモンド著 | 三沢浩訳 |
| 017 | 現代建築を創る人々 | | 神代雄一郎編 |
| 018* | 芸術空間の系譜 | | 高階秀爾著 |
| 019 | 日本美の特質 | | 吉村貞司著 |
| 020 | 建築をめざして | ル・コルビュジエ著 | 吉阪隆正訳 |
| 021 | メガロポリス | J・ゴットマン著 | 木内信蔵訳 |
| 022* | 日本の庭園 | | 田中正大著 |
| 023 | 明日の演劇空間 | | 尾崎宏次著 |
| 024* | | | |
| 025 | 都市形成の歴史 | A・コーン著 | 星野芳久訳 |
| 026* | 近代絵画 | | 木内信蔵監訳 |
| 027 | イタリアの美術 | A・オザンファン他編 | 吉川逸治訳 |
| 028* | 明日の田園都市 | E・ハワード著 | 長素連訳 |
| 029* | 移動空間論 | | 川添登著 |
| 030* | 日本の近世住宅 | | 平井聖著 |
| 031* | 新しい都市交通 | | 曽根幸一他訳 |
| 032* | 人間環境の未来像 | W・R・イーウォルド編 | 磯村英一他訳 |
| 033 | 輝く都市 | ル・コルビュジエ著 | 坂倉準三訳 |
| 034 | アルヴァ・アアルト | | 武藤章著 |
| 035 | 幻想の建築 | | 岡田新一訳 |
| 036* | カテドラルを建てた人びと | J・ジャンベル著 | 飯田喜四郎訳 |
| 037 | 日本建築の空間 | | 井上充夫著 |
| 038* | 環境論 | | 浅田孝著 |
| 039* | 都市論 | | 加藤秀俊訳 |
| 040* | 郊外都市と娯楽 | | 志水英樹訳 |
| 041* | 西洋文明の源流と系譜 | H・カーヴァー著 | 藤岡謙二郎著 |
| 042 | 道具考 | | 榮久庵憲司著 |
| 043 | ヨーロッパの造園 | | 岡崎文彬著 |
| 044* | 未来の交通 | H・ヘルマン著 | 岡寿麿訳 |
| 045 | 古代科学 | | 平田寛訳 |
| 046* | キュビスムへの道 | D・H・カーンワイラー著 | 千足伸行訳 |
| 047* | 近代建築再考 | | 藤井正一郎訳 |
| 048* | 古代論 | J・L・ハイベルク著 | 平田寛訳 |
| 049 | 住宅論 | | 篠原一男著 |
| 050* | ヨーロッパの住宅建築 | S・カンタクシーノ著 | 清水馨八郎・服部銈二郎訳 |
| 051* | 都市の魅力 | | 山下和正訳 |
| 052* | 東照宮 | | 大河直躬著 |
| 053 | 茶匠と建築 | | 中村昌生著 |
| 054* | 住居空間の人類学 | | 石毛直道著 |
| 055* | 空間の生命 人間と建築 | G・エクボ著 | 坂崎乙郎訳 |
| 056* | 環境とデザイン | | 久保貞訳 |
| 057* | 日本美の意匠 | | 水尾比呂志著 |
| 058* | 新しい都市の人間像 | R・イールズ他編 | 木内信蔵監訳 |
| 059 | 京の町家 | | 島村昇他編 |
| 060* | 都市問題とは何か | R・バーノン著 | 片岡達夫他訳 |
| 061 | 住まいの原型 I | | 泉靖一編 |
| 062* | コミュニティ計画の系譜 | V・スカーリー著 | 佐々木宏著 |
| 063* | 近代建築 | | 長尾重武訳 |
| 064* | SD海外建築情報 I | 磯村英一他編 | 岡田新一編 |
| 065* | SD海外建築情報 II | | 坂倉準三訳 |
| 066* | 木の文化 | | 武藤章著 |
| 067 | 天上の館 | | J・サマーソン著 |
| 068* | SD海外建築情報 III | | 岡田新一編 |
| 069* | 地域・環境・計画 | | 小原二郎著 |
| 070* | 都市虚構論 | | 水谷頴介他著 |
| 071 | 現代建築事典 | W・ペーント編 | 浜口隆一他日本版監修 |
| 072* | | | |
| 073* | ヴィラール・ドネクールの画帖 | | 藤本康雄著 |
| 074* | タウンスケープ | T・シャープ著 | 長素連訳 |
| 075* | 部族社会の芸術家 | M・W・スミス編 | 木村重信他訳 |
| 076 | キモノ・マインド | B・ルドフスキー著 | 新庄哲夫訳 |
| 077 | 実存・空間・建築 | | 加藤邦男訳 |
| 078 | SD海外建築情報 IV | | 吉阪隆正他編 |
| 079* | 都市の開発と保存 | W・H・ホワイトJr.編 | 小島将志訳 |
| 080* | 爆発するメトロポリス | | 上田篤、鳴海邦碩編 |
| 081* | アメリカの建築とアーバニズム(上) | V・スカーリー著 | 香山寿夫訳 |
| 082* | | | |
| 083 | アメリカの建築とアーバニズム(下) | V・スカーリー著 | 香山寿夫訳 |
| 084* | 海上都市 | | 菊竹清訓著 |
| 085* | アーバン・ゲーム | M・ケンツレン著 | 北原理雄訳 |
| 086* | 建築2000 | C・ジェンクス著 | 工藤国雄訳 |
| 087* | 日本の公園 | | 田中正大著 |
| 088* | 現代芸術の冒険 | O・ビハリメリン著 | 坂崎乙郎他訳 |